证券行业监管科技探索与实践

证券信息技术研究发展中心（上海）◎主编

格致出版社　　上海人民出版社

序一

近年来，互联网、大数据、云计算、人工智能、区块链等技术加速创新，日益融入经济社会发展各领域全过程，正成为重组全球要素资源、重塑全球经济结构、改变全球竞争格局的关键力量。党中央、国务院高度重视数字化发展和数字经济。"十四五"规划和 2035 年远景目标明确提出了"加快建设数字经济、数字社会、数字政府，以数字化转型整体驱动生产方式、生活方式和治理方式变革"。习近平总书记也多次强调，要站在统筹中华民族伟大复兴战略全局和世界百年未有之大变局的高度，统筹国内国际两个大局、发展安全两件大事，促进数字技术与实体经济深度融合，赋能传统产业转型升级，催生新产业新业态新模式，不断做强做优做大我国数字经济。

信息技术的快速发展不仅从根本上改变了传统经济的生产方式和商业模式，深刻影响了生产、流通、消费、进出口各个环节，也极大地改变了传统金融业态和模式，对市场组织和监管、金融稳定和安全提出了新的挑战。特别是，数字技术在推动金融产品创新、提高金融服务效率的同时，也大大增加了产品业务的复杂性、交叉性和关联性，导致金融风险的隐蔽性、交叉性、传染性更为突出，加大了金融风险防控的难度。这就要求我们对金融科技带来的风险挑战加以识别、控制和处置，不能仅依靠传统的监管手段和监管工具，而必须更加积极充分地运用现代信息科技，大力发展金融监管科技。2020 年，中国证监会组建了科技监管局，形成了以科技监管局、信息中心为一体，中证数据、中证技术为两翼的科技监管组织架构，统筹开展资本市场科技监管，推进科技与业务深度融合，提升监管的科技化、智能化水平。

作为资本市场重要的金融基础设施，上交所积极探索科技赋能监管，充分利用新一代数字技术，加强科技监管能力建设，加快推进科技与业务、监管的深度融合，建立"全方位、多层次、立体化"的科技监管体系，聚焦注册制审核、交易监管、业务监管和信息披露，不断提升市场监管效能。

科创板审核方面，推出科创板股票发行上市审核系统，通过创新"数字员工"，自动化完成注册制审核与监管业务中的机械性、重复性工作，使监管资源集中在专业性更强的核心业务领域，实现注册制改革工作的推进与数字化转型互促共融。

交易监管方面，上线新一代市场监察系统一期，数据可视化、操作自动化、模型智能化水平显著提升。全面整合大数据资源，运用机器学习技术，服务重大操纵线索查处。运用新技术实现投资者画像、市场波动分析、舆情分析和网络黑嘴监控等应用，持续优化现有监察系统，完善线索发现、线索分析和数据协查功能。

业务监管方面，加强科技监管平台建设，推出市场概况、企业舆情、财务分析、科技评价等公共分析能力，并上线公司画像二期、财务舞弊风险识别、金融文本处理平台等监管服务，极大地提升了监管能力与科技含量。

信息披露方面，于 2020 年生产上线新信息披露平台的公告披露处理系统，进一步提升公告披露的自动化、智能化、规范化。2021 年，该系统同时以网站、移动、接口三种应用形式向市场提供信息披露服务。

为更好地统筹开展"十四五"时期科技重点工作，上交所于 2021 年制定并发布了《上海证券交易所科技战略规划（2021—2025）》，在坚守系统安全前提下，紧扣核心业务发展，赋能行业科技建设，以推进自主掌控的下一代（G4）交易系统的建设和科技监管与服务一体化为两条主线，实现关键设施核心技术自主掌控，强化应对外部不确定性风险的能力，为市场提供更加便捷高效的服务体验，助力资本市场数字化发展。

在探索科技赋能监管的道路上，我们也关注行业前沿技术的研究与应用。

证券信息技术研究发展中心（上海）（ITRDC）是由证监会批复、上交所负责运营的前沿技术研究与行业技术交流平台。多年来，ITRDC 与行业机构、高等院校、科技公司等开展行业共研课题，促进科技与业务的结合，倡导技术成果交流与推广。《证券行业监管科技探索与实践》选取了 2019—2020 年度 ITRDC 行业共研课题监管科技领域的优秀课题报告，汇聚了行业机构、高等院校和科技公司在监管科技领域最新的创新成果，分析了人工智能、机器学习等信息技术在交易异常识别、智能风控、舆情分析、金融文档分析等场景的应用，总结近期监管科技的最新进展，希望对证券行业高质量发展有所裨益。

数字经济已经开启，监管模式亟待转型。我们将深刻把握金融监管与科技深度融合带来的发展机遇，继续强化对数字化技术的运用，持续提升市场监管能力和服务效能，加快推动资本市场数字化转型，更好地服务实体经济高质量发展。

蔡建春

上海证券交易所总经理

序二

中国资本市场从建立起就带有强烈的科技属性。1990 年 12 月 19 日，上海证券交易所开业，第一笔交易通过计算机自动撮合配对系统完成。在随后的 30 多年里，中国资本市场伴随着科技的创新而不断发展。近几年来，以人工智能、云计算、大数据、区块链技术为代表的新一代信息技术正在加速推进金融行业业务创新和数字化转型的进程。

金融科技的不断创新发展也给金融监管工作带来了挑战。新技术在金融领域的快速应用，在提高金融服务效率、便利投资者参与的同时，也带来了一些安全隐患。例如，金融产品交叉性和关联性不断增强，风险难以识别和度量，导致风险隐蔽性更大；跨行业、跨市场的金融产品和机构连通各个市场，容易形成风险的跨市场传递并凸显监管层次的信息孤岛等。面对金融与科技的深度融合，应提高科技监管水平，实现行业规范和行业发展同步。

证券信息技术研究发展中心（上海）（ITRDC）是由中国证监会批准成立、上海证券交易所负责运营的行业公共技术研究平台。ITRDC 始终致力于推动前沿科技研究、先进技术应用、行业经验分享和专业人才培养，希望广泛发挥行业力量并凝聚成科技研发合力，共同探索科技创新的发展方向与应用方式。

2019 年至 2020 年，ITRDC 联合证券公司、高等院校、科技公司等机构陆续开展了多项课题研究，本书中精选了 7 篇监管科技方向具有代表性的课题研究成果进行分享，以期对行业监管科技发展起到参考借鉴的作用。"中国股市价格操纵的预警模型分析"介绍了复旦大学刘庆富团队对股市价格操纵的分析研究，总结了容易受到价格操纵的股票样本特征，并基于 SVM 支持向量机模型对中国股票市场价格操纵行为进行预测。"基于人工智能的异常交易检测技术研究与应用示范"介绍了东方证券在证券交易异常检测的研究工作，并基于人工智能技术，提出张量标签学习方法，将行情数据与委托数据统一处理，对异常交易状态进行有效的识别与定位，从多个维度全面刻画证券市场的异常交易行为。"证券反欺诈风控技术及应用示范"介绍了华泰证券探索出的一套反欺诈中台以及对应的风险集成处理机制，其将各维度风险数据汇集起来，用统一的风险计算模块进行分析识别，产生各自的处置决策，并分配到不同的安全专家进行调查响应。"上市公司负面事件预警模型与系统研究"分享了长江证券在大数据技术赋能业务创新的研究，通过将传统业务知识与机器学习、知识图谱等智能化大数据技术相结合，减轻了相关研究人员工作量，提高了对企业异常分析的能力与效率。"基于'人工智能（AI）＋商业智能（BI）'构建证券公司智能风控系统"探索了中泰证券金融科技在券商风控智能化转型中的应用，利用深度学习等技术手段，融合公司内外部风险数据，深度挖掘潜在风险传导机制，构建科学合理、操作性强的智能风险监测预警系统。"金融文档分析平台"介绍了庖丁科技在金融文档分析上的工作，基于文档结构内容识别、自然语言理解等人工智能技术对金融文档进行信息抽取、智能复核分析，生成结构化知识以辅助识别和规避风险，提高业务人员的工作效率和信息披露文档的质量和合规性。"客户异常交易行为建模技术研究"介绍了长江证券在异常交易方向的研究，总结了异常交易行为模式和特点，提出了 CJACTM 异常交易识别方法论，采用特征加权方式建立异常交易识别模型。

习近平总书记在中央政治局第三十四次集体学习中强调"要规范数字经济发展，坚持促进发展和监管规范两手抓、两手都要硬，在发展中规范、在规范中发展"。 面对技术创新的逐渐加速，监管科技的创新与应用对于实现金融稳定健康发展尤为重要。 ITRDC 会持续推动行业科技研究、技术分享，实现监管科技与金融科技的共同提升，为中国资本市场健康发展作出贡献。

证券信息技术研究发展中心（上海）

二〇二一年十一月二日

目　录

随着互联网与移动网络的发展，价格操纵行为呈现出许多新特征，隐蔽性极强。本章以中国证监会公布的 2014 年至 2016 年三年间股票操纵案例的涉案股票为样本，分析并总结了容易受到价格操纵的股票样本特征，选择 SVM 支持向量机模型将其进行对比，发现 SVM 模型具有更好的学习能力与泛化能力，能够有效预测中国股票市场价格操纵行为。

为加强市场监管、维护市场稳定、保护投资者合法权益，及时发现证券交易中的异常情况，是金融市场对证券公司监管能力提出的新要求。本章开发了基于人工智能的异常交易监控系统，提出张量标签学习方法，将行情数据与委托数据统一处理，对异常交易状态进行有效的识别与定位，从多个维度全面刻画证券市场的异常交易行为。

随着大数据、人工智能等新技术的发展，传统的券商业务正越来越多地与互联网相结合，推动业务模式的升级。同时，证券公司面临的欺诈风险也越来越多，越来越复杂多样，有来自外部的"羊毛党""盗号党""爬虫党"的攻击，以及内部员工恶意或无意识地违规操作，甚至是内外勾结行为。研究组经过多年的实践，探索出了一套反欺诈中台以及对应的风险集成处理机制，将各维度风险数据汇集起来，用统一的风险计算模块进行分析识别，产生各自的处置决策，并分配到不同的安全专家进行调查响应。

上市公司负面事件预警模型与系统研究　　049

本章通过将传统业务知识与机器学习、知识图谱等智能化大数据技术结合，把计算、判断、分析等重复的，过去需要依靠经验、依靠技巧才能完成的分析判断工作，固化到计算机软件之中，减轻相关研究人员从事重复性逻辑判断和指标数据分析的工作量，真正实现高专业要求的财务分析和公司诊断工作的智能化。相关人员可将更多的时间用在决策、计划和执行工作上，提高对企业异常分析的能力与效率。

基于"人工智能(AI)＋商业智能(BI)"构建证券公司智能风控系统　　070

本章旨在探索金融科技在券商风控智能化转型中的应用，基于人工智能(AI)与商业智能(BI)等前沿理论与方法，利用深度学习、大数据、知识图谱等多项目前主流的技术手段，融合公司内外部风险数据，深度挖掘潜在风险传导机制，构建科学合理、操作性强的智能风险监测预警系统，从而提升公司风险管理水平。

金融文档分析平台　　089

本章以提供"全自动的金融文档分析服务"为目标，旨在通过研究和利用文档结构内容识别、自然语言理解等人工智能技术对金融文档进行信息抽取、智能复核分析，生成结构化知识以辅助识别和规避风险，提高业务人员的工作效率和信息披露文档的质量和合规性。

客户异常交易行为建模技术研究　　128

本章研究归纳了异常交易监管政策和监管案例，讨论异常交易概念，总结异常交易行为模式和特点，提出 CJACTM 异常交易识别方法论，从账户、资金、交易、行情四个维度，构建异常交易特征集，采用特征加权方式建立异常交易识别模型。在异常交易监察、客户关联分析、员工执业行为监测等方面应用建模成果，发掘典型可疑异常交易行为线索，进行自查、上报、核查、留档，履行监控和报送职责，辅导客户合规投资。

中国股市价格操纵的
预警模型分析[*]

1 研究背景与研究意义

股票市场是反映国民经济的"晴雨表",自1991年中国股票市场成立以来,中国经济一直维持着中高速增长的态势,股票市场也随之发展壮大。在金融学理论中,股票市场具有资金融通、价格发现、风险规避、资源分配、经济调节五大重要功能,然而受到价格操纵行为的影响,长期以来中国股票市场的价格发现功能未能完全地发挥。尽管中国证监会等相关部门一直致力于完善国内的法律法规、监管制度,规避操纵行为引起的不正当竞争事件,但是由于价格操纵行为存在隐蔽性,此类事件仍然屡禁不止,成为了制约中国证券市场发展的重要因素之一。

据统计,截至2019年7月31日,中国证监会自2005年以来共发布了1 110份行政处罚决定书,其中,涉嫌信息披露违法违规案件达553起(49.82%),涉嫌内幕交易案件343起(30.90%),涉嫌市场操纵案件159起(14.32%)。其他情况包括审计机构未尽职调查,挪用私募资金,以他人名义购买和出售股票,利益输送,控制资产管理账户中未披露的资产持有量超比例以及违反交易的期货交易法律法规等。证券市场违法违规案件数量逐年增加,反映出证券市场风险的不断积累。

放眼全球资本市场,可以发现不仅中国这样的新兴资本市场受到价格操纵行为的干扰,在许多欧美发达国家的资本市场上,价格操纵行为也屡禁不止。据美

---

* 本章由复旦大学经济学院刘庆富、王川杰、郭黎萍和上交所技术有限责任公司龚春水、黄晶、陆伟共同撰写。

国消费者新闻与商业频道报道,美国证券交易委员会(SEC)已针对一家纽约高频交易公司提起诉讼,据称该公司在 2009 年 6 月至 12 月之间操纵了在纳斯达克上市的数千只股票的收盘价。近年来,美国、英国、德国等欧美国家监管当局为了应对新型价格操纵行为,提出许多限制规范,如对取消交易收取更高的手续费等。可见,价格操纵行为的危害性广泛,遏制、打击价格操纵行为已经成为各国资本市场监管工作的重要组成部分。

对于一个国家来说,金融市场与实体经济市场是密不可分的,金融市场的安全直接影响到国民经济的安全运行,因此金融安全是国家的核心竞争力。中共中央和国务院高度重视防范和化解金融风险。中共十九大、中央经济工作会议和全国金融工作会议都对新时代的金融监管提出了更高的要求。各个部门也采取了各种法规条例以及措施办法来规范市场交易,遏制价格操纵的发生。然而,由于操纵技术的隐蔽性质,价格操纵事件仍然在中国证券市场上频繁发生。但是,大数据和机器学习的发展带来了新的希望,从理论与技术两方面进一步完善了我们挖掘高维金融数据的能力。如今,数据分析中的金融科技监管已成为识别股票市场操纵行为的新式有力武器。

1.1　研究背景

证券市场是金融资产集中交易的场所,一国证券市场的发展对于本国实体经济的发展起到关键的支撑作用。首先,证券市场发挥资金融通功能,将闲散资金聚集起来注入实体经济,为企业提供流动性,促进关键技术与优势产业的发展。其次,健康运行的证券市场是中央银行实施货币政策与宏观调控的重要基础,将在实体经济中起到提高社会资源分配效率的作用。同时,证券市场提供的多种金融工具,丰富了政府、企业、机构、居民等各部门进行资本管理、风险规避的手段。在健康的证券市场中,市场的自由、公平竞争将使得价格完全反映信息,发挥价格发现的作用。但是,屡禁不止的价格操纵行为破坏了良好的市场环境与完善的市场功能。

价格操纵行为是指以预定的时间、价格和方式进行的联合或连续交易,或在本人实际控制的账户之间进行的证券交易,以实现影响证券交易价格,使之偏离自由市场供求关系的不正当竞争行为。中国股票市场在成立之时,就已经存在价格操纵现象,价格操纵这一不正当竞争行为长期影响中国股市的价格发现功能。放眼海外证券市场,价格操纵行为也屡见不鲜,可见其具有普遍危害性。

一方面,各国监管部门一直致力于完善法律法规及相关监管制度,但是始终只能做到在一定程度上遏制价格操纵现象,而不能完全消除价格操纵行为。并且随着信息技术的发展,通信、交易手段日益多元化,价格操纵行为从传统的"坐庄操纵"模式向新型操纵模式转变,并且呈现多种新特征:(1)价格操纵行为日益短线化。互联网、手机等通信手段的不断升级,在为投资者进行网上交易、自助申报提供便利的同时,也为市场操纵者提供了操纵市场价格的新型手段。不同于现场委托,网上交易使得操纵者可以摆脱时间、空间的束缚,实现"频繁申报撤单""大量自买自卖"等新型操作手法。目前,由于短线操纵具有隐蔽性、便利性,受到操纵者的追捧,已成为价格操纵行为的主流模式。(2)价格操纵行为合谋化、多点化。合谋价格操纵行为的特点是控制账户组庞大、单个账户持股比例小、操纵周期短。同时合谋者采用多点布局的方式,其账户的开户人、开户地点往往都不相同。合谋交易者利用多账户、多地点交易相同的品种,以实现影响品种价格的目的。一旦所用账户被证监会检测到 IP 地址一致或者交易行为高度重合,合谋者就会用更换账户交易的方式来应对。(3)操纵行为隐蔽性增强。新型操纵行为在多账户之间的连续交易、自我交易的过程中具有单个账户持股比例小、操纵时间短的特点,操纵手段的隐蔽性增强,传统监管手段难以监测出这些行为。新型操纵行为的这些特征使得监管部门对此类行为的识别长期滞后,更不用说对价格操纵行为进行预警。结合中国现有监管制度体系与监管现状,如何利用现有金融大数据方法与人工智能模型,对新型操纵行为展开识别与预警等问题已成为当下研究工作的重中之重。

1.2　研究意义

本章从机器学习人工智能模型的角度出发,用逻辑回归模型和支持向量机(support vector machine, SVM)模型分别对中国股票市场价格操纵行为进行事前预警,并结合 SMOTE 过采样技术改进模型识别精度。这一方面丰富了股票市场价格操纵行为理论,具有一定的理论意义;另一方面在识别与预警机制上,为监管部门对于新型操纵行为的监管与治理提供了新的思路,具有一定的现实意义。

(1)理论意义。

过去股票市场价格操纵行为的典型手段是"坐庄操纵",庄家通过低吸高抛的手段来扭曲市场价格,实现非法获利。这类操纵行为比较易于识别,过去学者通过采用单变量回归、多变量回归、贝叶斯判别法、Logistic 模型、BP 神经网络等方法对股票市场价格操纵行为进行了识别研究,取得了显著的效果。但是面对新型操纵行为,由于其具有多账户、短线化、隐蔽化的特征,传统统计模型识别效果明显已经无法达到要求。并且在金融大数据时代,面对高维数、小样本数据以及非线性关系,这些方法已不适用。本章使用机器学习中的支持向量机方法来解决小样本、高维数以及非线性的识别问题。

(2)实际意义。

价格操纵者利用自身信息优势和资金优势影响市场价格与交易量,非法获取巨额利润,不仅扭曲了市场价格,造成股票市场价格发现功能的缺失,更严重侵害了参与正当交易的中小投资者的合法权益,破坏股票市场良好的交易环境,妨碍股票市场的健康发展。近年来,价格操纵案件更是频发,涉案金额愈来愈大,危害日益加剧。同时,新型价格操纵行为短线化、合谋化、多点化、隐蔽化的新特征给监管当局对价格操纵违法行为的查处造成了困难。如何改进对价格操纵行为的事前预警与事后甄别机制成了监管工作的重中之重。本章从机器学习的角度出发,使用逻辑回归 Logistic 模型作为传统模型的代表,并引入支持向量机模型作为机器学习模型的代表与之对比,分别对中国股票市场的价格操纵行为进行事前预警,以达到在价格操纵行为发生之前识别易被操纵的股票并且进行重点监控的目的,进一步降低监管成本,提高股票操纵行为的监管效率,为监管工作提供一种可行方案。同时,本章所涉及的指标预警体系也为中小投资者提供了投资决策参考,使其避免遭受操纵者的非法侵害,减低投资风险。如果中小投资者的信心得到有效提振,也可以进一步促进市场内自由、充分的合法竞争,使市场价格反映信息的功能进一步完善。

2 国内外研究综述

2.1 价格操纵行为的定义与分类

由于价格操纵行为的手段、方法、形式多样,因此学界对于价格操纵行为的定义也尚未有定论。最早在 1990 年,Fischel 和 Ross(1990)认为对于交易型操纵的认定需要满足三个条件:(1)交易的目的是使价格朝着特定方向运动;(2)操纵者不知道自己不进行交易,价格是否会朝该方向运动;(3)操纵者的收益来自自身对价格的影响能力,而不是所掌握的信息。随后,Jarrow(1992)将价格操纵行为定义为交易者故意散播虚假的价格信号,使得股票价格偏离市场正常交易水平的行为。随着时间的推移,价格操纵行为逐渐演变,其理论定义也在不断地完善与进步。Kyle 和 Viswanathan(2008)认为价格操纵行为是一种降低资源配置效率、提高市场风险同时降低整体经济效率的交易策略。他们指出了价格操纵行为定义的两类情形:(1)交易者故意导致市场资源配置信号不准确;(2)交易者故意导致市场的风险转移或者流动性下降。同时,国内的学者也对价格操纵行为给出了不同的定义。如胡祖刚等(2002)认为,价格操纵行为是指股票市场交易者采用非法手段,导致股票价格异常波动或者严重偏离市场价格,从而从中获利的行为。姚远等(2016)则指出明显的非法行为,如散布谣言等,不属于价格操纵的范畴,真正的价格操纵行为是通过报撤单等表面上合法的行为来实现的。

对于股票价格操纵行为的分类,Allen 和 Gale(1992)最早将价格操纵创造性地分成三类,分别是信息型价格操纵、行动型价格操纵以及交易型价格操纵。其中,信息型价格操纵行为是指通过散布谣言、传播虚假消息或者利用内幕信息,造成股价的大幅波动并且从中获利的行为;行动型价格操纵行为是指通过并购等方式影响企业的实际运作,进而改变资产的基本面来操纵上市企业股票价格的行为;交易型价格操纵行为是指利用自身的资金、信息等优势,通过交易策略、技巧操纵股票价格的行为。

2.2   价格操纵行为的识别

股票价格操纵行为严重妨害证券市场的健康发展,侵害了中小投资者的利益,如何识别价格操纵行为成为监管工作的重点内容,因此很多学者也致力于价格操纵行为的识别研究,以期为监管工作提供思路。对于价格操纵行为识别的研究将从识别指标和识别模型两方面进行介绍。

从价格操纵行为识别指标来看,刘元海和陈伟忠(2003)分析了被操纵股票样本的收益率、换手率和波动率在不同阶段的变化,研究操纵行为对这些指标的影响。Aggarwal 和 Wu(2005)的研究表明收益率、波动率与流动性指标可以用来识别被操纵的股票。施红俊等(2008)对被操纵股票的市场指标进行分析,发现被操纵股票的收益率、换手率和波动率在早盘与尾盘交易时间内存在异常现象。陆蓉和陈小琳(2009)以中国证监会公布案例中的 44 只被操纵股票为样本,研究发现被操纵股票在 Beta 系数、收益率、换手率、成交量、波动率和人均市值等方面与未被操纵股票之间存在差异,因此可以使用这些指标作为识别依据。Imisiker 和 Tas(2013)发现规模较小、自由流动性较低、杠杆率较高以及具有被操纵历史的股票更容易受到价格操纵。夏文学(2015)基于中国证监会查处的股价操纵案件中 140 只涉案股票为例,研究发现换手率、超常收益率、股东人数变化与人均市值四个交易指标具有较好的识别效果。沈冰和周杰(2017)从内幕交易的收益、收益率的波动、市场相关性指标、股票流动性指标以及公司股权结构五个方面研究了中国 1996 年至 2016 年间的内幕交易股价操纵案件,为监管提供了建设性的意见。朱学红等(2019)使用中国证监会查处的 2005 年国储铜案件为样本,通过事件分析法得出结论:在操纵期间,期货市场和现货市场都存在显著的正超常收益率,并且收益率呈现出较大波动。

在股价操纵行为识别模型方面,由于股价操纵行为本身在不断变化,因此学者对于识别模型的选择也在不断进步与完善。早期模型比较简单,例如,Allen 和 Gorton(1992)构建了序贯交易模型来研究股票价格操纵行为,Felixson 和 Pelli(1999)使用线性回归模型识别了芬兰股票市场上对收盘价的操纵行为。时间进入 21 世纪,随着互联网信息技术的发展,有学者认为传统的模型已经不能适应新型股价操纵行为的识别需求,因此学者们把目光投向神经网络、机器学习等更为复杂的模型上。史永东和蒋贤峰(2005)构建了 Logistic 模型对内幕交易和价格操纵事件进行识别。马正欣(2007)基于神经网络建立了价格操纵行为的识别模型,研究表明神经网络模型的表现优于 Logistic 模型。王欣等(2009)采用分位数回归模型以及变点检验,研究了持股比例和股价收益率之间的协同关系,据此构建了异常交易识别模型。Diaz 等(2011)利用监督学习模型对 2003 年间发生的操纵案件进行识别,他们的模型包括决策树(decision trees)、朴素贝叶斯(naive Bayesian)、神经网络等,研究表明,机器学习算法的识别能力优于传统的统计模型与计量方法。姚远等(2016)归纳了市场操纵事件的共性特征,并以此为依据选取识别指标,结合隐马尔可夫模型来监测指标时间序列的变化。Maxim 和 Ashif(2017)以超常收益率和超常波动率为指标,构建了多指标多原因模型(MIMIC)识别股票价格操纵行为,为股价操纵行为的识别与度量提供了新的思路。马斌等(2017)以中国证监会公布的 6 起操纵案件涉案股票为样本,结合 GARCH 模型建立了操纵行为识别模型,模型表明操纵事件会对股票的收益率、波动率等指标造成冲击。李志辉和邹谧(2018)选取中国股票市场的分时高频交易数据,采用计数模型构建了连续交易操纵行为识别模型,模型准确率高达 79%。

2.3　价格操纵行为的预警

与价格操纵行为的识别研究相比,预警方面的研究相对较少。黄长青等(2004)指出日平均超常成交量作为价格操纵行为事前预警指标具有较好的预警效果。刘庆富(2005)对中国期货市场的价格操纵行为进行研究,并构建了价格操纵预警模型,为监管部门提供了建设性的意见。王震(2006)对比了境内外股市中价格操纵行为的异同,同时以中国证监会公布的价格操纵案件涉案股票为样本,将多头型坐庄分为三个阶段,分析发现股东人均市值这一指标在操纵不同阶段呈现出不同的特征,因此股东人均市值指标可以起到股价操纵行为的预警作用。沈晨和胡代平(2011)对被操纵股票在操纵行为开始前后 40 天内的数据进行研究,发现交易量、Beta 系数和收益率等指标可以作为股价操纵行为的预警指标。熊熊等(2011)采用 Logistic 回归,将空盘量与交易量纳入模型的识别指标,构建了股价操纵事件识别预警模型。李梦雨(2015)以 2008 年至 2014 年间中国证监会公布的股价操纵行为案例为样本,使用 Logistic 模型建立了股价操纵行为的预警模型,实证研究以制造业股票为例,阐述了预警指数的构建方法。沈冰和赵小康(2016)同样基于中国证监会公布的涉案股票样本进行实证分析,建立了内幕交易的支持向量机预警模型,研究表明以超常收益率、超常换手率、股价波动率、股价信息含量以及股权制衡度为指标的支持向量机模型识别效果较好,准确率高达 86%。

3 数据的提取

3.1 样本的选取

本章搜集了中国证监会公布的行政处罚决定书中操纵阶段在 2014 年至 2016 年三年间的股票操纵案例共 153 起,涉案股票共计 223 只。本章被操纵股票案例信息来源于中国证监会公布信息,相应的市场数据、财务数据来自 Wind 数据库。

为了保证数据的完备性与准确性,研究过程中按照如下规则对样本进行筛选:

(1) 对于被操纵的股票样本:①剔除中国证监会公布信息中未明确具体操纵阶段的股票样本数据;②剔除上市日期至操纵开始日期之间不满 90 个交易日的股票样本数据;③剔除指标数据不全的股票样本数据;④剔除现已退市的股票样本数据。最后经过筛选得到 207 只完备的被操纵股票样本数据。

(2) 对于未被操纵的股票样本:①剔除中国证监会公布信息中股价操纵案例中的涉案股票;②剔除指标数据不全的股票样本数据;③剔除现已退市的股票样本数据。最后经过筛选得到 2 248 只完备的被操纵股票样本数据。

在建模过程中,为了剔除不同年份的宏观因素对样本特征数据造成的系统性影响,使得样本数据在不同年份具有可比性,本章将股票数据按照年度划分,并且在后文解释变量中增加年份作为哑变量。因此按照数据剔除规则筛选后,以

2014 年至 2016 年三个年度划分,共获得 6 951 个样本,其中正类样本 207 个,负类样本 6 744 个(2 248 只正常股票×3 个年度)。在样本数据的使用上,随机抽取其中 3/4 的样本数据作为训练集用于构建股票操纵行为判别模型,余下 1/4 的样本数据作为测试集,用于模型的检验。

3.2　指标的选取

一些学者曾经研究过股票操纵的预警指标选取,例如,王震(2006)对比了境内外股票价格操纵行为的异同,以中国证监会公布的价格操纵案件涉案股票为样本,将多头型坐庄分为三个阶段,分析发现股东人均市值这一指标在操纵不同阶段呈现出不同的特征,因此股东人均市值指标可以起到股价操纵行为的预警作用。沈晨和胡代平(2011)对被操纵股票在操纵行为开始前后 40 天内的数据进行研究,发现交易量、Beta 系数和收益率等指标可以作为股价操纵行为的预警指标。沈冰和赵小康(2016)同样基于中国证监会公布的涉案股票样本进行实证分析,研究表明以超常收益率、超常换手率、股价波动率、股价信息含量以及股权制衡度为指标的预警模型识别效果较好,准确率高达 86%。但过往的讨论集中在事中预警和事后检测,而本章的目的则是从股票市场价格操纵行为的形成原因出发,以期能够找出在操纵开始前能对股价操纵行为进行事前预警的指标。

成功的价格操纵行为能够给操纵者带来巨额利润,但是也伴随着巨大的风险,因此操纵者在实施价格操纵行为之前往往会进行大量的研究、分析工作,试图寻找到成功率最高的操纵标的。操纵成功率最高的股票,从另一个角度来说同时也是最容易遭受操纵的股票。只要能找出这类股票并进行重点监测,就能对价格操纵行为进行事前预警,进一步降低价格操纵行为的监管成本,提高监管效率。表 1 将从规模与估值、市场表现、公司治理和财务指标四个维度引入容易遭受价格操纵行为的股票所具有的特征,并构成预警指标体系。

除此以外,本章的因变量为短期内股票是否受到价格操纵,若发生股价操纵则记为 1,未发生股价操纵则记为 0。综合上述分析,本章选取的股价操纵行为预警模型指标体系见表 1,整个预警模型指标体系共包含 2 个规模与估值指标、4 个市场表现指标、2 个公司治理指标与 10 个财务指标,共计 18 个指标。

表 1   股价操纵行为预警模型指标设定

变量分类	变量	符号	说明
因变量	短期内是否被操纵	*Manip*	1（发生股价操纵）；0（未发生股价操纵）
规模与估值	总市值 市盈率	*MV* *PE*	操纵开始前 90 个交易日日均总市值 操纵开始前市盈率
市场表现	收益率 换手率 波动率 Beta 系数	*Yield* *TurnOver* *Volatility* *Beta*	操纵开始前 90 个交易日日均收益率 操纵开始前 90 个交易日日均换手率 操纵开始前 90 个交易日年化波动率 操纵开始前 90 个交易日 Beta 系数
公司治理	前十大股东持股比例 公司行为（配股、分红、增发）	*Tenth* *Behavior*	操纵开始前一个季度公司财报披露公告中是否计划配股、分红或增发，是记为 1，否记为 0
财务指标	资产负债率 流动比率 销售净利率 每股收益 净资产收益率 销售现金比率 应收账款周转率 总资产周转率 净利润同比增速 营业收入增长率	*Lev* *CurrentR* *Margin* *EPS* *ROE* *SalesCash* *RTO* *TATO* *NPGR* *REVINR*	总负债/总资产 流动资产/流动负债 净利润/销售收入 净利润/总股数 净利润/权益 经营现金净流量/营业收入 赊销净收入/平均应收账款余额 销售收入/总资产 当期净利润/去年同期净利润－1 当期营业收入/上年营业收入总额－1
其他变量	年份	*Year*	分别有 2014、2015、2016 三种分类

4   股票价格操纵行为预警模型的建立

4.1   模型选择

目前在股票价格操纵行为的识别和预警研究领域的模型选取比较集中且单一，主要包括神经网络模型、多元回归模型、Logistic 回归模型、单因素模型和多因素模型等。尽管这些研究都取得了良好的识别效果，但这些模型本身存在前提假设过于严苛、易陷入局部最小、过学习或欠学习等缺陷，在一定程度上制约了模型在价格操纵行为识别与预警中的实际应用能力。而随着机器学习理论的不断发展,人工智能模型在这些问题的解决上提出了新的方法。以朴素贝叶斯、决策树以及支持向量机模型为代表的人工智能模型逐渐替代了单变量与多变量回归、尾部检验等传统的计量模型。遗憾的是,在现存的文献中,使用人工智能模型对价格操纵行为进行识别与预警研究的案例并不常见。

鉴于以上情况,本章选取多数学者采用的 Logistic 回归模型作为传统价格操纵行为识别与预警模型的代表,创新性地引入支持向量机模型作为机器学习人工智能模型的代表并建立价格操纵行为事前预警模型,以期得到更好的识别效果与预测能力。

4.2　Logistic 预警模型和支持向量机预警模型的识别结果

如前所述,目前 Logistic 模型凭借其简明方便的优点,仍然是股票价格操纵行识别与预警研究中主流的模型。而本章认为股票样本具有数据复杂、非线性的特征,使用非线性支持向量机预测模型可能会有更好的预测效果。本章使用 PyCharm 软件来实现模型的运算。在研究过程中,从样本中按照约 3∶1 的比例随机抽取了 5 213 个样本作为价格操纵预警模型的训练样本集,其余 1 738 个样本数据作为测试集来验证模型的预测能力。针对支持向量机模型,本章采用了常用的网格搜索方法和十折交叉验证法获得最佳的惩罚参数与核参数,进而对中国股票市场价格操纵行为进行预警研究。

在采样过程中,传统 Logistic 模型以及支持向量机模型未对数据不平衡性进行处理。两个预警模型的混淆矩阵以及模型评估指标值如表 2 至表 4 所示,可以看到不论是 Logistic 模型还是支持向量机模型,分类效果都不是很理想。

从表 4 可以看出,传统 Logistic 模型与传统支持向量机模型对股价操纵行为的预测精度都达到了 90％以上。如果从准确率角度来评估两个模型的识别效果,那么可以说 90％以上的准确率已经非常高了,但是仔细观察两类样本的分类状况可以发现,传统 Logistic 模型对于实际为价格操纵的股票样本的预测准确率仅有 4.08％,而传统支持向量机模型的该项准确率为 20％。准确率高是因为模型将多数类样本,也就是正常股票样本几乎都正确分类了,但是对于本章想要识别的少数类样本,即被操纵股票样本,模型几乎全部错判了。由此可见,用准确率来评价基于不平衡数据集的分类模型表现并不准确,容易产生误解。

表 2 传统 Logistic 模型的混淆矩阵

	预测为被操纵股票的样本	预测为正常股票的样本
实际为被操纵股票的样本	2	47
实际为正常股票的样本	125	1 564

表 3 传统支持向量机模型的混淆矩阵

	预测为被操纵股票的样本	预测为正常股票的样本
实际为被操纵股票的样本	10	40
实际为正常股票的样本	4	1 684

表 4 传统 Logistic 模型与传统支持向量机模型的评估指标

	传统 Logistic 模型	传统支持向量机模型
准确率(ACC)	90.10%	97.47%
操纵股票预测准确率	4.08%	20.00%
正常股票预测准确率	92.60%	99.76%
几何平均准确率 G 值	19.44%	44.67%
综合评价指标 F 值	2.27%	31.25%
AUC 值	54.00%	60.00%

此外,对比传统 Logistic 模型与传统支持向量机模型预警识别效果上的表现可以发现,支持向量机模型的预测效果明显优于 Logistic 模型,进一步说明样本指标间可能存在复杂的非线性关系。从几何平均准确率 G 值来看,Logistic 模型为 19.44%,而支持向量机模型为 44.67%;从综合评价指标 F 值来看,Logistic 模型仅为 2.27%,而支持向量机模型为 31.25%;从 AUC 值来看,Logistic 模型为 54%(相当于随机判断),而支持向量机模型为 60%,稍有改善。总体来说,传统支持向量机模型的预测能力优于传统 Logistic 模型。

5 结论

本章首先搜集了中国证监会公布的行政处罚决定书中操纵阶段在 2014 年至

2016 年三年间的股票操纵案例涉案股票作为未来受到操纵的股票样本,并与剩余正常股票样本共同构成两类不同的样本组。在查阅现存文献以及反复试验的基础上,选取了 2 个规模与估值指标、4 个市场表现指标、2 个公司治理指标以及 10 个财务指标,共计 18 个指标,构成股价操纵预警模型指标体系。在模型选择上,本章选取了 Logistic 模型与支持向量机模型,并在模型评估上引入几何平均准确率 G 值、综合评价指标 F 值和 AUC 值来对价格操纵预警模型的预测效果进行评价,发现 SVM 预警模型的预测能力最强。

参考文献

陈时兴:《非对称信息动态博弈及内幕交易——股权分置改革以来上海股票交易市场的实证检验》,《中国软科学》2010 年第 S2 期,第 320—325 页、第 332 页。

胡超斌、葛翔宇:《正反馈交易模型与中国股市价格波动——对 DSSW 模型的扩展讨论》,《金融理论与实践》2013 年第 5 期,第 20—25 页。

胡祖刚、黄正红、袁国良:《中国证券市场股票价格操纵与监管研究》,《海通证券研究》2002 年第 3 期。

黄长青、陈伟忠、杜少剑:《我国证券市场股价操纵的实证研究》,《同济大学学报(自然科学版)》2004 年第 9 期,第 1234—1238 页。

李梦雨:《中国股票市场操纵行为及预警机制研究》,《中央财经大学学报》2015 年第 10 期,第 32—42 页。

李志辉、邹谧:《中国股票市场操纵行为测度与影响因素研究——基于上市公司特征角度》,《中央财经大学学报》2018 年第 12 期,第 25—36 页。

刘庆富:《中国期货市场波动性与价格操纵行为研究》,东南大学,2005 年。

刘元海、陈伟忠:《市场操纵过程的实证分析》,《经济科学》2003 年第 5 期,第 90—97 页。

陆蓉、陈小琳:《股票操纵行为市场表现及其判别研究》,《证券市场导报》2009 年第 4 期,第 65—72 页。

马斌、张莎莎、姚远:《基于 GARCH 模型的股票市场价格操纵研究》,《济南大学学报:社会科学版》2017 年第 6 期,第 131—141 页,第 162 页。

马正欣:《中国证券市场内幕交易和市场操纵的实证分析与判别研究》,天津大学,2007 年。

沈冰、赵小康:《基于支持向量机的内幕交易识别研究》,《财经问题研究》2016 年第 10 期,第 59—65 页。

沈冰、周杰:《我国股票市场内幕信息操纵的现状及特征剖析》,《财会月刊》第 23 期,第 96—102 页。

沈晨、胡代平:《中国证券市场股价操纵预警指标研究》,《科学技术与工程》2011 年第 4 期,第 912—915 页。

施红俊、陈伟忠、刘元海:《中国股市早尾盘操纵的实证分析》,《金融教学与研究》2004 年第 2 期,第 27—30 页。

史永东、蒋贤锋:《中国证券市场违法违规行为的判别——基于内幕交易与市场操纵的案例分析》,《预测》2005 年第 3 期,第 76—80 页。

王欣、尹留志、方兆本：《异常交易行为的甄别研究》，《数理统计与管理》2009 年第 4 期，第 671—677 页。

王震：《中国股票市场价格操纵预警方法》，《浙江社会科学》2006 年第 4 期，第 37—44 页。

文传军、詹永照：《基于自调节分类面 SVM 的平衡不平衡数据分类》，《系统工程》2009 年第 3 期，第 114—118 页。

夏文学：《基于 Logistic 回归的股价操纵模型及应用研究》，《现代商业》2015 年第 33 期，第 83—84 页。

向中兴：《中国股价操纵的理论模型》，《财经科学》2006 年第 11 期，第 31—38 页。

熊熊等：《股指期货操纵预警的 Logistic 模型实证研究》，《系统工程理论与实践》2011 年第 7 期，第 1287—1292 页。

薛薇：《非平衡数据集的改进 SMOTE 再抽样算法》，《统计研究》2012 年第 6 期，第 97—100 页。

姚远、翟佳、曹弋：《基于量化特征的价格操纵行为监测模型研究》，《系统工程理论与实践》2016 年第 11 期。

曾志强、高济、朱顺痣：《基于约简 SVM 的网络入侵检测模型》，《计算机工程》2009 年第 17 期，第 138—140 页。

张宗新、潘志坚、季雷：《内幕信息操纵的股价冲击效应：理论与中国股市证据》，《金融研究》2005 年第 4 期，第 144—154 页。

周春生、杨云红、王亚平：《中国股票市场交易型的价格操纵研究》，《经济研究》2005 年第 10 期，第 70—78 页。

朱学红、张众、张宏伟：《金属资源跨市场操纵行为识别——基于价格信息和事件分析法》，《中南大学学报（社会科学版）》2019 年第 3 期，第 74—83 页。

Aggarwal, R. K. and Wu G., 2005, "Stockmarket manipulation-theory and evidence", *Social Science Electronic*.

Albert, S. and Kyle S. Viswanathan, 2008, "How to define illegal price manipulation", *American Economic Review*, 98.

Allen, F. and Gale D., 1992, "Stock-price manipulation", *Review of Financial Studies*, (3): 503—529.

Allen, F. and Gorton G., 1991, "Stock price manipulation, market microstructure and asymmetric information", *Social Science Electronic Publishing*.

Benabou, R. and Laroque G., 1988, "Using privileged information to manipulate markets: insiders, gurus and credibility", *Papers*, 107(3):921—958.

Bruner, R. F., 2004, "Applied mergers and acquisitions", *Social Science Electronic*.

Cortes, C. and Vapnik V., 1995, "Support vector networks", *Machine Learning*, 20(3): 273—297.

Carhart, Mark, M. Kaniel, R. Musto, David. K., et al., 2002, "Leaning for the tape: evidence of gaming behavior in equity mutual funds", *The Journal of Finance*, 57(2):661—693.

Chew, H., Bogner R. and Lim C., 2001, "Dual-nu support vector machine with error rate and training size biasing", *IEEE International Conference on Acoustics*.

David, D., Theodoulidis B. and Sampaio P., 2011, "Analysis of stock market manipulations using knowledge discovery techniques applied to intraday trade prices", *Expert Systems With Applications*, 38(10).

Osuna, E., et al., 1997, "Support vector machines: training and application", *Technical Report AIM1602*.

Fishcel, D. R. and Ross D. J., 1990, "Should the law prohibit manipulation markets", *Harvard*

Law Review，(105):503—553.

Hart，O. D.，1977，"On the profitability of speculation"，*The Quarterly Journal of Economics*，91(4):579—597.

Imisiker，S. and Tas B. K. O.，2013，"Which firms are more prone to stock market manipulation?"，*Emerging markets review*，16(sep.):119—130.

Jarrow，R. A.，1992，"Market manipulation, bubbles, corners and short squeezes"，*Journal of Financial & Quantitative Analysis*，27(3):311—336.

Joel，S.，"A Theory of Credibility"，*Review of Economic Studies* (4):4.

Felixson，K. and Pelli A.，1999，"Day end returns—stock price manipulation"，*Journal of Multinational Financial Management*，9(2).

Bagnoli，M. and Lipman B. L.，1996，"Stock price manipulation through takeover bids"，*Rand Journal of Economics*.

Maxim，M. R. and Ashif A. S. M.，2017，"A new method of measuring stock market manipulation through structural equation modeling (SEM)"，*Investment Management & Financial Innovations*，14(3).

Mei，J.，Wu G. and Zhou C.，2003，"Behavior based manipulation: theory and prosecution evidence"，*Ssrn Electronic Journal*.

Peng，L. and Roell A.，2014，"Managerial incentives and stock price manipulation"，*Journal of Finance*，69(2):487—526.

Suen，W. and Wan K.，2013，"Sniping to manipulate closing prices in call auctions: evidence from the Hong Kong stock exchange"，*Ssrn Electronic Journal*，40(12):2763—2768.

Vila，J.，1989，"Simple games of market manipulation"，*Economics Letters*，29(1):0—26.

Viswanathan，A. S. K.，2008，"Papers and proceedings of the one hundred twentieth annual meeting of the American economic association || how to define illegal price manipulation"，*The American Economic Review*，98(2):274—279.

Zheng，L. and Zhou X.，2012，"Executive stock options and manipulated stock-price performance"，*International Review of Finance*，12(3):249—281.

基于人工智能的异常交易检测技术研究与应用示范[*]

1 研究背景及意义

1.1 课题背景

中国证券市场经历了 20 多年的发展,现 A 股投资者数量达到 1.5 亿,年均交易量超过 60 万亿,2019 年新增客户数量达到 1 300 万。在证券市场的发展过程中,维护证券市场的稳定是重中之重。

第一,证券交易行为管理是金融市场的基本要求。上至中央,下至地方,都对维护证券市场的稳定发展给予了重视,强调要求加强对异常交易的监控,完善交易监测监控系统,维护市场秩序,促进资本市场稳定健康发展。第二,客户交易行为监管模式转型对会员监管能力提出新要求。随着资本市场的不断发展,客户交易行为的监管模式也发生着深刻的改变。沪深交易所强调了客户交易行为合规管理的重要性,要求证券公司构建有效的客户异常交易行为监控系统,及时发现、制止、报告证券交易中的异常情况。第三,对异常交易行为快速精准识别的迫切性和困难性不言而喻。目前,中国证券市场中的违法违规事件数量仍维持高位。客户证券投资行为的多样化及不可预测性,导致难以定义统一的量化指标体系来评价客户行为是否合规,迫切需要提高异常交易行为的管理能力。第四,金融科技为客户交易行为的监控提供了解决方案。近年来金融市场正站在时代和行业

---

* 本章由东方证券股份有限公司李双宏、朱俊、孙诗伟、肖雅雯、陈遥和上交所技术有限责任公司楼晓鸿、陆伟共同撰写。

巨变的风口,金融科技和人工智能将为提高金融市场交易行为监管能力带来重大变革。

就国内外同等项目研究与应用现状来说,目前,行业内缺乏有效的异常交易监控系统,现有系统存在以下问题:第一,大部分系统采用规则驱动的检测方法,需要不断地增加规则,而且随着政策性变化,之前的监管规则就会失效,从而会出现误报或漏报。第二,极个别系统采用人工智能的方法,但是其采用监督学习的技术手段,需要人工标注训练数据来训练机器学习模型,但现实情况由于样本数据有限,所以短时间内无法获得训练有素的识别模型。上述系统没有采用合适的技术手段来描述客户异交易行为,也没有建立起完整的交易行为的量化评价体系,导致无法精准、快速、全面地识别异常交易行为。

在上述背景之下,东方证券根据多年来对客户行为管理的业务积淀,结合金融科技的深入应用,开发了基于人工智能的异常交易监控系统,为资本市场客户交易行为的监管带来了新的力量。

1.2　异常交易监控的作用

现阶段,异常交易监控受到中国证监会、上海证券交易所、深圳证券交易所的重视。沪深交易所在"证券交易合规管理培训班"中进一步强调了客户交易行为合规管理的重要性,要求证券公司树立全面合规理念,承担客户管理的首要职责,形成"前中后台分工协作、事前认识你的客户、事中交易监控、事后可疑交易分析及报告"的客户管理机制。同时,沪深交易所进一步明确了客户异常交易行为关注要素、主要类型和典型案例,要求证券公司构建有效的客户异常交易行为、关联账户行为监控系统,及时发现、制止、报告证券交易中的异常情况。

目前,中国证券市场中的违法违规事件数量仍维持高位,异常行为形式多样,包括虚假申报、拉抬打压、维持涨(跌)幅限制价格、自买自卖和互为对手方交易等。异常交易监控系统能够精准、高效地监控到各类疑似异常交易行为并及时预警,提升异常交易监控与风险处置水平,加强客户异常交易行为管理,对于加强市场一线监管、维护市场稳定健康发展、保护投资者合法权益,起着举足轻重的作用。

1.3   研究目标及技术指标

本章采用数据驱动和无监督学习相结合的 AI 技术,建立了市场交易行为的量化评价体系。该量化评价体系的核心是对市场价格形成机制进行了探索,获得了市场操作行为对市场价格的冲击模型。该模型对市场竞争度、市场有序度、市场运行机制的灵活度和证券市场操作成本进行了完整的刻画。基于对上述证券市场微观结构的刻画,系统可以对市场操作行为带来的冲击进行量化并给出冲击强度排序,从而可以精准、快速、全面地识别各类市场操作行为。

本章开发的异常交易监控系统计划做到如下三方面:

(1)实时、准确地定位出异常交易发生的时间点,包括开始和结束时间;

(2)实时、准确地定位出异常交易的股票代码,及本时间段内异常交易发生的程度;

(3)实时、准确地定位出异常交易参与客户信息,及异常交易段内客户的委托与交易信息。

异常交易监控系统的技术指标主要体现在以下三方面:

(1)告警/函件小于 30;

(2)异常覆盖率达到 95% 以上;

(3)做到盘中检测延迟小于 10 秒。

2   基于人工智能的异常交易监控系统

2.1   系统架构

本研究采用一种全新的思路设计异常交易监控系统,用系统论的观点将证券市场作为一个微观生态来进行整体分析。研究包含三大模块:

(1)市场行为度量。

- 运用新型机器学习方法(张量标签学习)对证券市场行情的数据流进行分析处理,建立起市场操作行为对市场价格的冲击模型;

- 该模型对全证券市场每个标的进行度量，输出关于该标的的行为度量值，包括：发生的时间点，冲击强度，价格偏离度等；
- 基于以上行为度量值，对市场操作行为带来的冲击强度给出排序，根据排序来鉴定该标的是否出现异常。

（2）异常客户识别。

- 根据市场行为度量的方法论，识别出异常标的；
- 对于异常标的，结合公司的客户交易行为，判断该标的的异常是否由东方证券客户交易行为导致；
- 对于鉴定为异常的客户，进行异常客户风险处置。

（3）异常客户风险处置。

- 对于触及异常交易行为的东方证券客户，系统会自动生成提示信息，包括：待办、电话和短信提醒等；
- 提示信息实时触达相关人员进行处理。所有处置过程全部系统留痕，包括语音和文本，确保有据可查。

异常交易监控系统的整体架构如图1所示。客户委托数据、成交数据以及证券市场个股行情数据作为一级输入，信息客户系统和重点账户管理系统作为二级

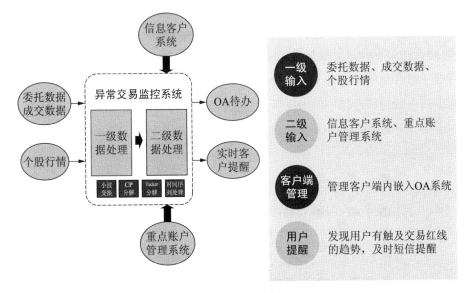

图1　异常交易监控系统的整体架构

输入,分别通入异常交易监控系统。系统基于人工智能算法,采用小波变换、CP分解、Tucker 分解、多维时间序列处理、深度学习、内存数据库等技术,将海量、多源、异构数据进行分级处理、统一整合与表示,将行情数据和委托交易数据相结合,进行三个层次的异常交易监控研究:异常交易识别、关联账户识别、重点账户与重点股票监控系统。在应用层面上,将管理客户端嵌入 OA 系统,实现办公自动化内部管理及流程优化;以及进行实时客户提醒,在发现用户有触及交易红线的趋势时,及时短信提醒。异常交易监控系统能够精准、高效地监控各类疑似异常交易行为,及时进行风险提醒和预警,从而能够加强客户异常交易行为管理,提升异常交易监控与风险处置水平,维护证券市场稳定健康发展。

2.2　高维大数据模型——行情与交易数据模型

本章提出的张量信息化表示技术对行情和委托下单数据进行了统一处理,可以量化评价异常交易状态诊断系统的异常交易状态认知能力,实现海量、多源、异构信息的统一整合、信息表示与统一评价。所提方法对同一只股票并发的异常交易状态进行有效的识别与定位,并对识别与定位的精度进行统一的度量,进而可以根据度量的结果,对异常交易状态进行有效的消除。

图 2 所示为行情数据与交易数据的高维数据结构。各只股票的行情数据与各客户的交易数据均可以表示为沿时间序列维度展开的数据流。通过张量标签学习,将行情数据与交易数据这两类异构数据融合为同一时间维度的张量表示,进行统一整合与处理。并进一步将客户信息整合到高维大数据模型中,实现客户、交易、个股行情沿同一时间维度的高阶张量学习。通过对高维大数据模型中高

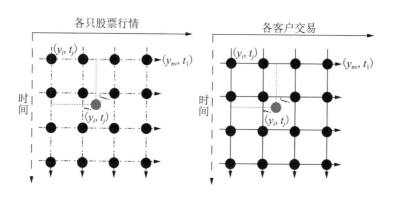

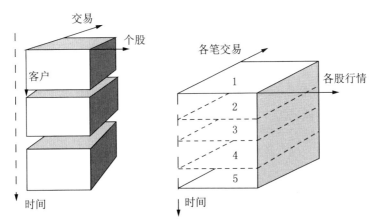

图 2　行情数据与交易数据的高维数据结构

阶张量的统一分析与评价,系统能够定量化地对市场交易行为进行度量,从而精准、高效地进行异常交易状态的识别与定位。

2.3　张量标签学习

　　本章提出了一种新型机器学习方法——张量标签学习,将异常交易行为和案例进行多维加标签处理,然后进行监督学习训练,从而使深度学习系统能够学习到更多的信息,极大地提高了异常交易识别的精度。异常交易识别与定位将异常交易状态识别与定位统一到张量维度的标签学习中,给高阶的张量标签赋予了实际的含义,从更高的信息维度对异常状态进行了认知。利用张量标签学习,异常交易状态信息可以进行张量形式的表示,在同一种张量标签的维度下可以同时表示异常交易状态的类别、程度、位置,最后通过高维信息的评价标准对识别、定位进行定量化评价。

2.3.1　数据向量化与标准化

　　系统的变量数据构成矩阵 $X_{ns \times nv}$,其中,ns 是样本数目(采样时间为 t_s),nv 是过程变量或特征的数目。过程数据矩阵的特征是根据过程的条件来描述的,表示为 X_f,其中 f 表示待识别的异常类型。X_0 表示在正常情况下的过程数据。

$$X_f = \begin{pmatrix} x_{11} & \mathrm{L} & x_{1nv} \\ \mathrm{M} & \mathrm{O} & \mathrm{M} \\ x_{ns1} & \mathrm{L} & x_{ns\,nv} \end{pmatrix} \tag{1}$$

另外,训练集 R 和测试集 E 由划分所得。矩阵 R 和 E 各自是由完整数据集 X_f 中的某几段连续样本构成,所以它们的交集为空集,即没有一个样本会同时属于训练集和数据集。为了包含更多关于流程动力学的信息,需要扩展特征并找出能够更好地描述每个过程状态的统计属性。这些扩展的特征将会被添加到每个样本的属性中。由此得到的新数据集的特征数目多于原始数据集 X_f,但样本数不变。

输出:

$$Y = \begin{bmatrix} y_1 \\ M \\ y_{ns} \end{bmatrix} \tag{2}$$

对于证券市场交易行为的异常状态,采用监督学习的方法,对不同的异常状态加不同的标签。数据标准化处理是指,多信息采集模块采集到本周期的证券系统交易状态,将 m 个周期的状态写成状态矩阵形式 X_f,将 X_f 进行归一化处理得到:

$$X = \frac{X_f - \bar{X}}{\sigma} \tag{3}$$

其中 $\bar{X}$ 代表 X_m 的均值,σ 代表 X_m 的标准差。后续的数据,都是采用标准化之后的系统数据。

2.3.2　传统机器学习方法

标量标签学习或者零阶张量标签学习是传统的监督学习。在监督学习分类中,需要对训练数据 X 加入相应的标签 Y,从而利用 X 和 Y 的关系来训练得到预测模型。在大部分研究中,每个采样周期的数据 x_i 相应的标签 y_i 对应的是 x_i 当前的类别,采用自然数 n 来表示,也称作单标签。

监督学习存在三个要素:输入输出空间、预测函数、性能评价。从这三个角度重新描述传统的监督学习以及多标签学习,并且将监督学习的标签拓展到高维的数组表示,也就是张量标签。从标签、学习器输出、性能评价三个角度,将传统的单标签监督学习、多标签学习,以及拓展的张量标签学习重新描述。

首先定义输入空间:

$$X = \begin{bmatrix} x_{11} & L & x_{1nv} \\ M & O & M \\ x_{ns1} & L & x_{ns\,nv} \end{bmatrix} \tag{4}$$

定义矩阵比较函数：

$$comp(A, B) = \sum_{i=1}^{m} I(a_i = b_i \neq 0) \tag{5}$$

$comp(A, B)$表示的是 A 和 B 两个张量相同的非零元素的个数，在后面的张量计算中，用此计算符来评价两个张量信息的一致性。

标量标签学习流程如图 3 所示。从张量标签学习的角度，传统的监督学习都是零阶张量学习，也就是标量标签学习。

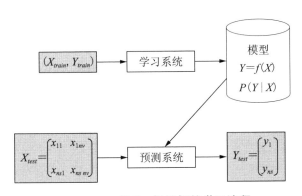

图 3　标量标签学习流程

2.3.3　张量标签学习

传统的监督学习是在单个标签下进行的学习，即每个样本只与单个标签相关联，其已存在多种算法并取得了良好的效果。在很多种情况下，每次学习器输出的都是一组标签，用于描述当前的状态，这就是文献中描述的多标签学习。多标签学习从张量学习的角度来看，是指向量标签，也就是一阶张量标签（图 4）。本节从张量标签学习的角度来描述多标签学习。

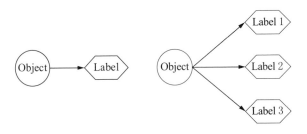

图 4　单标签（零阶张量）与多标签（一阶张量）

在标签分类领域的研究过程中,由于标签数据集的类别数量过多会产生维数灾难的问题,因此,标签分类中的特征降维是很有必要的,标签编码方法主要是将原始的标签空间投影二进制空间。这样做的好处是,利用较少的维度就能较多地表示不同的类别,这种监督学习的方法也叫作多标签学习。

传统的监督学习是机器学习的主要研究模式之一,其中,每个真实世界的对象(样本)都由一个实例(特征向量)表示,并与单一标签相关联。形式上,设 X 表示样本空间,Y 表示样本空间的标签空间,传统监督学习的任务是学习函数 $f:x \to Y$,训练集表示为 $\{(x_i, y_i) \ 1 \leqslant i \leqslant m\}$。这里,$x_i \in X$ 是一个描述对象的属性(特征),$y_i \in Y$ 是表示其特征的相应标签语义。因此,传统的监督学习所采用的一个基本假设是:每个样本只属于一个标签,即具有独特的语义意义。传统的监督学习虽然得到广泛使用并成果显著,但由于现实中的对象可能比较复杂并同时具有多种语义,因此存在上述简化假设不适用的任务。

当一个标签的含义并不能反映当前样本 x_i 的信息时,就需要采用向量标签:

$$y_i = \{y_1 \quad L \quad y_{nc}\} \tag{6}$$

(1)学习器的矩阵输出(图5)。

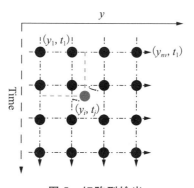

图 5   矩阵型输出

多标签输出,也就是矩阵输出或者二阶张量输出,也称为向量标签流:

$$Y_{vector} = \begin{bmatrix} y_{11} & L & y_{1nc} \\ M & O & M \\ y_{ns1} & L & y_{ns\,nc} \end{bmatrix} \tag{7}$$

（2）学习器性能评价。

本研究定义两个变量：实际标签输出序列也就是向量标签流 H_v 和预测标签输出序列 D_v。D_v 是学习器的预测输出 Y_v，而 H_v 是实际样本的标签序列。在单标签监督学习中，因为标签的输出域实际值非常容易比较，因此传统的机器学习研究中一般不引入这两个变量。但在高维度的标签数据评价中，对比这两个变量之间的关系，就是评价机器学习能力的关键。以下公式中 Pre（precision）指查准率、Rec（recall）指查全率、F1 指 F1 分数，是查全率和查准率的一个加权平均值。

样本实际标签序列为：

$$H_v = \begin{pmatrix} h_{11} & \mathrm{L} & h_{1nf} \\ \mathrm{M} & \mathrm{O} & \mathrm{M} \\ h_{ns1} & \mathrm{L} & h_{ns\,nf} \end{pmatrix}$$

$$h_{ij} = \{0,\ 1\},\ \forall\,i=1,\ 2,\ \mathrm{L}\,nf,\ \forall\,j=1,\ 2,\ \mathrm{L}\,ns \tag{8}$$

预测标签输出序列为：

$$D_v = \begin{pmatrix} d_{11} & \mathrm{L} & d_{1nf} \\ \mathrm{M} & \mathrm{O} & \mathrm{M} \\ d_{ns1} & \mathrm{L} & d_{ns\,nf} \end{pmatrix}$$

$$d_{ij} = \{0,\ 1\},\ \forall\,i=1,\ 2,\ \mathrm{L}\,nf,\ \forall\,j=1,\ 2,\ \mathrm{L}\,ns \tag{9}$$

$$\mathrm{Pre\_1} = \frac{comp(D_v,\ H_v)}{\|D_v\|_0} = \frac{\|(H_v \& D_v)\|_0}{\|D_v\|_0} = \frac{\sum\limits_{i=1}^{ns}\sum\limits_{j=1}^{nf}[1-(h_{ij}-d_{ij})^2]\cdot h_{ij}}{\sum\limits_{i=1}^{ns}\sum\limits_{j=1}^{nf}(d_{ij})^2} \tag{10}$$

$$\mathrm{Rec\_1} = \frac{comp(D_v,\ H_v)}{\|H_v\|_0} = \frac{\|(H_v \& D_v)\|_0}{\|H_v\|_0} = \frac{\sum\limits_{i=1}^{ns}\sum\limits_{j=1}^{nf}[1-(h_{ij}-d_{ij})^2]\cdot h_{ij}}{\sum\limits_{i=1}^{ns}\sum\limits_{j=1}^{nf}(h_{ij})^2} \tag{11}$$

$$\mathrm{F1\_1} = \frac{2\cdot\mathrm{Pre\_1}\cdot\mathrm{Rec\_1}}{\mathrm{Pre\_1}+\mathrm{Rec\_1}} \tag{12}$$

（3）学习器的四阶张量输出。

三阶张量标签学习的输出，是在标签的基础上加入了时间维度 t，标签加入时间维度之后，也就增加了一维的时间信息，这样学习器每个时刻输出一个三阶张量，不同时刻的标签流就构成了一个四阶张量。图 6 所示为一个四阶张量，每个样本对应一个三阶张量标签。高阶的张量采用 tn 型下标，其中 t 表示张量，n 表示标签的阶。

（4）学习器性能评价。

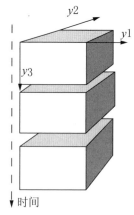

图 6　四阶张量标签输出

$$\text{Pre\_3} = \frac{comp(D_{t3}, H_{t3})}{\|D_{t3}\|_0} = \frac{\|(H_{t3} \& D_{t3})\|_0}{\|D_{t3}\|_0}$$

$$= \frac{\sum_{i=1}^{ns}\sum_{j=1}^{n\theta}\sum_{k=1}^{nv}\sum_{p=1}^{nw}[1-(h_{ijkp}-d_{ijkp})^2]\cdot h_{ijkp}}{\sum_{i=1}^{ns}\sum_{j=1}^{n\theta}\sum_{k=1}^{nv}\sum_{p=1}^{nw}(d_{ijkp})^2} \tag{13}$$

$$\text{Rec\_3} = \frac{comp(D_{t3}, H_{t3})}{\|H_{t3}\|_0} = \frac{\|(H_{t3} \& D_{t3})\|_0}{\|H_{t3}\|_0}$$

$$= \frac{\sum_{i=1}^{ns}\sum_{j=1}^{n\theta}\sum_{k=1}^{nv}\sum_{p=1}^{nw}[1-(h_{ijkp}-d_{ijkp})^2]\cdot h_{ijkp}}{\sum_{i=1}^{ns}\sum_{j=1}^{n\theta}\sum_{k=1}^{nv}\sum_{p=1}^{nw}(h_{ijkp})^2} \tag{14}$$

$$\text{F1\_3} = \frac{2\cdot\text{Pre\_3}\cdot\text{Rec\_3}}{\text{Pre\_3}+\text{Rec\_3}} \tag{15}$$

更高阶的张量标签学习与上述三阶标签学习的格式与评价方式并无本质区别，只是维度的增加，并不改变标签与评价的基本格式。高阶的张量学习评价是使用一个张量评估多种信息，但也可以将张量评价恢复到低维的评价，采用张量计算：

$$F_j = A_j(1)\|A_j(2)\cdots A_j(ns) \tag{16}$$

其中，F 表示张量标签流 A 的低一维度沿着 j 方向的降维，如果需要连续降维则重复以上公式，只是降维的方向不同。

2.4　评价体系

本章提出的基于张量标签的异常识别与定位评价体系,通过定位标签矩阵对定位进行定量化衡量,将异常识别与定位这两个独立的预测信息统一到一个评价体系中。

定位标签矩阵表示为 $L1=(l_{11}\quad L\quad l_{1nv})$,其中:$l_{11}$ 为该标签位表示单个异常类型是否发生异常状态:发生异常状态时,$l_{ij}=1$;没有发生异常状态时,$l_{ij}=0$。L 向量表示出现异常状态的位置,例如,$L=(0\quad 1\quad 0)$ 为第二个位置的变量发生了异常状态,然后,使用相应的特征选择算法得到异常状态的定位,评价预测输出 D 与实际异常状态位置 H 的关系,就可以定量化地评价异常状态定位。异常状态定位矩阵可以是二维或者是高维的,从而可以表示高维空间中变量的位置。这里定义了两个张量:实际的矩阵标签流 H 和预测出的矩阵标签流 D。D 也就是机器学习系统的预测输出 Y,而 H 是实际样本的标签序列。在高维度的标签数据评价中,对比这两个张量之间的关系,就是评价机器学习能力的关键。

为了将异常识别与定位进行统一的度量,本研究定义了识别与定位关联矩阵

$$DL=\begin{pmatrix} dl_{1nv} & \cdots & dl_{nv\,nc} \\ \vdots & \ddots & \vdots \\ dl_{11} & \cdots & dl_{1nc} \end{pmatrix}$$。其中,nc 表示并发异常状态类型的个数,nv 表示变量

的数量,关联矩阵的元素为 $\{0,1\}$,在异常识别与定位的二维维度 $dl_{ij}=1$ 表示 j 类型的异常状态发生,并且发生在第 i 个变量的位置。这样,矩阵的坐标信息也

就同时包含了异常状态的类型与位置信息。例如,$DL=\begin{pmatrix} 0 & 0 & 0 \\ 0 & 0 & 1 \\ 0 & 1 & 1 \\ 0 & 1 & 0 \end{pmatrix}$,假设系统有

三种异常状态类型、四个系统变量,DL 矩阵表示交易行为发生了第二类异常状态和第三类异常状态的并发情况;其中,第二类异常状态是由第一个和第二个变量的异常造成的,第三类异常状态是由第二个和第三个变量的异常造成的。

在异常状态识别与一维空间定位的评价体系中，DL 是矩阵的形式，也就是当前系统的状态标签。每个采样时刻，系统都会有异常状态类型信息和异常状态位置信息，如果这些信息不加以整合，就属于异构的信息。采用 DL 关联矩阵的方式可以将异构的信息统一到一个矩阵或者高维的向量中。在一维的定位与识别关联的信息处理中，标签是二阶张量也就是矩阵，如图 7 所示，坐标维度分别为异常状态类型（fault class）与系统变量（variables），每个采样时刻都会有一个矩阵标签的输出，那么沿时间维度的拓展就是一个三阶的张量，也就是矩阵标签流。

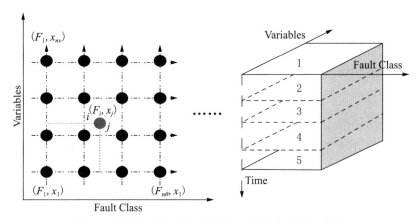

图 7　异常状态识别与定位统一的精度度量示意图

在异常状态识别与一维空间定位的评价体系中，定义异常状态识别与一维定位的实际异常状态发生位置张量 H_{dl1}，以及异常状态识别与一维定位的预测张量 D_{dl1}，其中，下标 dl 为定位（location），1 为一维定位。通过定量化地评价这两个矩阵的关系，就可以得到一维变量定位评价体系的度量，从而定量地评价异常状态的类型与定位。其中，Pre_{dl1} 代表查准率，Rec_{dl1} 代表查全率，$F1_{dl1}$ 评价两个张量数据的相似性，使用该相似性代表精度。

$$\frac{comp(D_{dl1},\ H_{dl})}{\parallel D_{dl1}\parallel_0}=\frac{\parallel(H_{dl1}\&D_{dl1})\parallel_0}{\parallel D_{dl1}\parallel_0}=\frac{\sum_{i=1}^{ns}\sum_{j=1}^{n\theta}\sum_{k=1}^{nv}[1-(h_{ijk}-d_{ijk})^2]\cdot h_{ijk}}{\sum_{i=1}^{ns}\sum_{j=1}^{n\theta}(d_{ijk})^2}$$

(17)

$$\frac{comp(D_{dl1},\ H_{dl1})}{\|\ H_{dl1}\ \|_0} = \frac{\|\ (H_{dl1}\&D_{dl1})\ \|_0}{\|\ H_{dl1}\ \|_0} = \frac{\sum\limits_{i=1}^{ns}\sum\limits_{j=1}^{n\theta}\sum\limits_{k=1}^{nv}[1-(h_{ijk}-d_{ijk})^2]\cdot h_{ijk}}{\sum\limits_{i=1}^{ns}\sum\limits_{j=1}^{n\theta}(h_{ijk})^2}$$

$$\tag{18}$$

$$F1_{dl1} = \frac{2\cdot \mathrm{Pre}_{dl1}\cdot \mathrm{Rec}_{dl1}}{\mathrm{Pre}_{dl1}+\mathrm{Rec}_{dl1}} \tag{19}$$

2.5　算法结果

相比原有的异常交易监测系统,本研究所提出的基于张量标签学习的异常交易监控系统检测数量比为 200 倍以上,异常覆盖率提升了 70%,告警/函件数量小于 30,计算时间大大缩减了,如表 1 所示。

表 1　算法结果对比

	基于规则 原系统 1.0	基于规则 原系统 2.0	基于 AI 算法 系统 1.0	基于 AI 算法 系统 2.0
异常覆盖率	30%	30%	90%	100%
告警/函件	1 200	60	40	5
计算时间	7 200 s	14 000 s	1 200 s	900 s

本研究提出的张量信息化表示,可以定量化地评价异常交易监控系统的异常状态的认知能力,实现海量、多源、异构信息的统一整合、表示与评价。对证券市场交易行为的并发异常状态进行有效的识别与定位,并对识别与定位的精度进行统一的度量,进而可以根据度量的结果,对危害证券市场稳定运行的异常状态进行有效的消除。

3　GPU 并行计算加速

3.1　高维大数据计算复杂度

异常交易监控系统对证券市场行情数据与客户委托数据进行统一整合、张量信息化表示,形成含有时间序列的高维大数据模型。在处理大数据的过程中,由于数据量极大,频繁访问硬盘等外存会降低运算速度。随着大容量内存技术的兴起,在初始阶段就把数据全部加载到内存中,而后可直接把数据从内存中调取出来,再由处理器进行计算。这样可以省去外存与内存之间的数据调入/调出过程,从而大大提升计算速度。高维大数据的存储、处理与通信对内存计算提出了非常大的要求。

但是传统数据库的读写速度无法跟踪行情数据的更新,举例来说,对于 2 分钟的行情数据,数据库建表加插入数据的操作需要 4 分钟左右才能完成,因此无法实现实时的行情数据存储。异常交易监控系统需采用在线数据进行实时监控,而传统 MySQL 数据库由离线表转为在线计算,并且需要及时将计算结果进行存储,受到算力的限制,无法保证系统的实时有效运行。

3.2 GPU 并行计算

为提高计算效率,本研究采用了 GPU 并行计算加速技术。GPU 数据库主要具有以下优势:执行单元多,一张 GPU 卡有近 5 000 个核心可参与并行计算;内部带宽大,吞吐量可高达 31.5GB/s 或更高;多卡并行和多服务器并行的集群式分布架构,可实现性能的线性提升,性能突破速度远高于单个 CPU。使用 GPU 数据库,数据插入速度能够达到 MySQL 数据库的 10 倍以上,进而实现行情数据的实时存储。如图 8 所示,GPU 并行计算加速技术通过多线程获取来自不同交易所

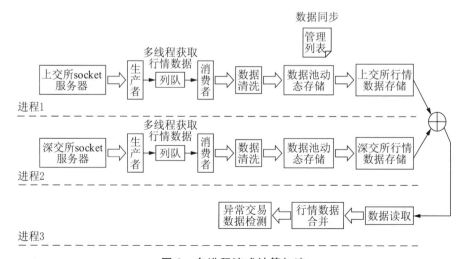

图 8 多进程流式计算加速

服务器的行情数据,进行并行的数据清洗和处理,在数据池中进行动态存储,实现了数据同步与标准化行情数据的存储,便于进行实时的数据读取,以及用于异常交易监测的数据合并与处理,从而保证了高效、实时的算法运行。

　　本研究所采用的 GPU 并行计算与多进程流式计算相结合的方式,同 Impala、DB2 进行对比测试得到的结果如图 9 所示。对于四种不同的数据库运算,所用的 GPU 并行计算技术相比 Impala 运行时间缩减了 10 倍左右,相比 DB2 缩减了 30 倍以上,这也证实了 GPU 并行计算技术对于内存计算效率提升的显著效果。

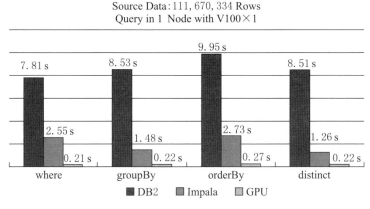

Source Data: 111, 670, 334 Rows
Query in 1 Node with V100×1

图 9　数据库运行时间对比测试

3.3　并行计算结果对比

　　本研究采用的 GPU 并行加速计算结果如表 2 所示,对于 300 秒行情时间所对应的数据量,GPU 并行计算技术计算提速比为 24;对于 20 秒行情时间所对应的数据量,GPU 并行计算技术计算提速比为 5。这也进一步表明,对于海量行情数据,GPU 并行计算可以大大提升原有数据库的计算效率,从而保证行情数据的实时存储,以及异常交易监控系统的实时运行。

表 2　GPU 并行计算速度提升对比

行情时间	数据量	GPU DB	GPU DB+内存	提速比
300 秒	124 252	60 秒	12 秒	24
20 秒	8 026	18 秒	4 秒	5

4 业务流程优化及异常交易管理

4.1 大数据 BI 展示及分析

异常交易监控系统 BI 展示如图 10 所示,实时为总部合规人员及各营业部提供强大的数据可视化呈现,并对数据进行多种统计及关联性分析,如异常交易发生的位置、时间、重点客户情况等。丰富的可视化效果,以及对数据的统计、钻取、分析和挖掘,有助于快速、轻松地掌握数据的内在联系,及时发现数据趋势和相关性,实现异常交易信息的多维呈现。

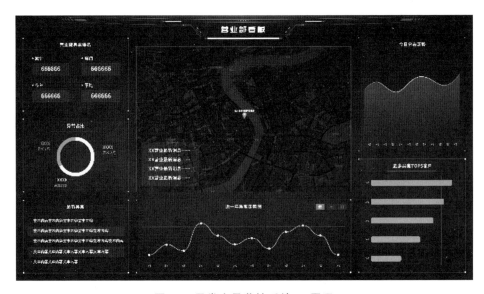

图 10　异常交易监控系统 BI 展示

异常交易监控结果及处理流程如图 11 所示。该系统监控并及时预警各类疑似异常交易行为,信息覆盖了异常交易发生时间、股票代码、参与客户信息等详尽内容,并与办公自动化(OA)系统联动,直接将待办事项推送至 OA 办公网,同时发送短信给流程相关人员,大幅提升了工作效率。

图 11　异常交易监控结果及处理流程(注:部分信息已作脱敏处理)

4.2　OA 内部管理及流程优化

本研究设计的异常交易监控系统与 OA 系统联动,大大提高了工作效率,并进一步优化了工作流程,细化了处置方式。该系统主要包括以下三个功能:

(1)查询功能。分支机构合规与风控专员可以在不同的菜单下看到本分支机构所属客户所发生的疑似异常交易行为。异常交易行为分为五类,分别是虚假申报、拉抬打压、维持涨(跌)幅限制价格、自买自卖和互为对手方交易。在不同类别下可看到客户信息与涉及的证券信息。

(2)联动功能。工作人员在监控系统查询预警数据时,可跳转至 OA 办公网进行处理,且监控系统会直接将待办事项推送至 OA 办公网,同时发送短信给流程相关人员,大幅提升了工作效率。系统监测发现疑似异常交易行为的,通过OA 办公网待办事项流转至合规法务管理总部,由总部进行初审,认定为异常交易行为的再流转至分支机构合规与风控专员进行处理,然后依次由分支机构负责人及财富管理业务总部风控专员进行审核,最后经合规法务管理总部确认后,回到分支机构合规与风控专员处结束流程。

(3)预警功能。OA 办公网产生待办事项后,系统将每隔一小时自动发送提醒短信至该流程目前待办人员处,分支机构合规与风控专员以及该流程涉及的所有待办人员应及时、高效地完成流程处置工作。

5 研究完成情况及成果应用

5.1 系统结果对比

表 3   系统结果对比

	原系统 1.0	原系统 2.0	异常交易 监控系统 1.0	异常交易监控 系统内存版	异常交易监控系统 ——GPU 并行计算版
异常覆盖率	30%	30%	95%	95%	100%
告警/函件	1 200	60	40	5	5
计算时间	7 200 秒	14 000 秒	1 200 秒	900 秒	150 秒

本研究对沪深全市场 3 000 多股票的市场数据进行实时分析,同时结合东方证券 200 多万客户的交易委托数据进行异常识别。系统自 2018 年 12 月上线以来,日均监测异常交易告警数量 1.9 人次,基本做到覆盖交易所发布的函件,相比原有的异常交易监测系统,检测数量比为 200 倍以上,异常覆盖率提升了 70%。系统采用 GPU 并行计算技术,将大量的计算并行化处理,将原来 CPU 运行 1 小时的结果,缩短到 3 分钟以内,速度提升达到 20 倍以上,可以做到快速精准的异常交易定位。

5.2 大数据分析

本研究通过对证券市场行情数据与客户交易数据的统一整合与分析,深入挖掘异常交易大数据背后的内在关联性。对异常交易发生的时间、位置、客户信息、类型趋势等进行了多维度的统计分析与可视化展示,如图 12 至图 16 所示。

总累计异常	今年累计异常	今年异常峰值	今年异常均值
1783	546	35	3.71

图 12   异常交易大数据分析

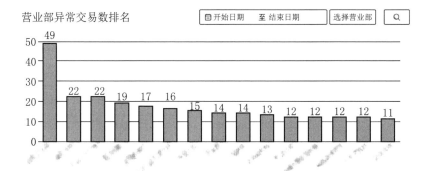

图 13　营业部排名(注:部分信息已作脱敏处理)

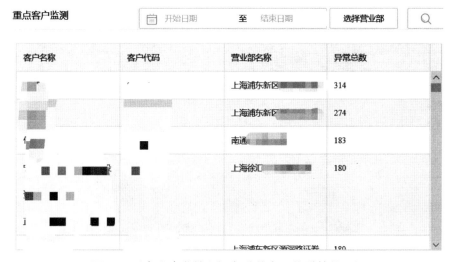

图 14　重点客户监控(注:部分信息已作脱敏处理)

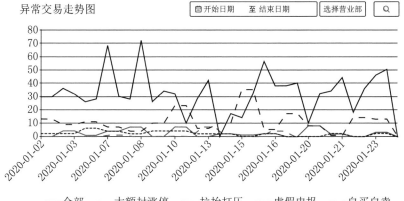

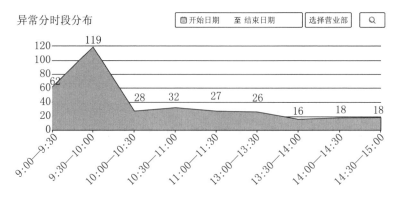

图 15   异常交易发生时间分析

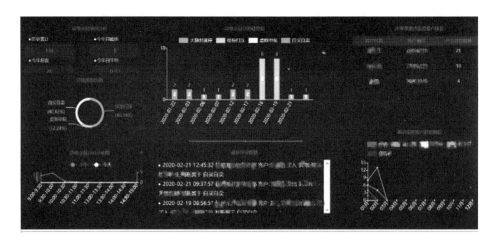

图 16   东方证券总部大屏展示和营业部大屏展示

5.3   系统在东方证券的应用情况

东方证券合规法务部和财富管理业务总部于 2020 年 2 月 14 日发布《关于加强客户异常交易行为管理及启用"鹰眼"监控平台的通知》(以下简称《通知》),停用原有异常交易监控系统,总部合规风控人员和营业部合规风控专员全部使用本研究中的系统。

《通知》中有关本系统的内容如下:

"鹰眼"监控平台是由我司系统研发总部自主研发的基于大数据及人工智能技术的异常交易监控平台,能够更加精准、高效地监控到各类疑似异常交易行为并及时预警。该平台已于 2019 年 6 月份开始在我司进行试运行，试运行期间系统稳定且能够较为全面地覆盖交易所下发的异常交易监管警示内容。因此决定从 2020 年 2 月 17 日起正式启用"鹰眼"监控平台。该平台具有下列特点：

（1）落实监管要求，优化监控结果。通过大数据与人工智能技术，对系统检测到的交易所典型案例中涉及的客户异常交易行为进行精确分析，能够在准确预警的同时减少预警数量、优化监控结果。

（2）与 OA 系统联动，提高工作效率。工作人员在"鹰眼"监控平台查询预警数据时，可跳转至 OA 办公网进行处理，且"鹰眼"监控平台会直接将待办事项推送至 OA 办公网，同时发送短信给流程相关人员，大幅提升了工作效率。

（3）优化工作流程，细化处置方式。系统监测发现的疑似异常交易行为，将通过 OA 办公网待办事项流转至合规法务管理总部，由总部进行初审；认定无异常的，可直接结束流程，不再流转至分支机构，可显著减少分支机构合规与风控专员的工作量。

6　未来展望及系统价值

6.1　对第三方接入监管的作用

中国证监会于 2019 年 3 月发布的《证券公司交易信息系统外部接入管理暂行规定（征求意见稿）》指出，证券公司应当遵循合规审慎、风险可控、全程管理的原则，建立风险管理体系，对交易信息系统的第三方接入进行全面、及时的风险监控。交易信息系统第三方接入，是指证券公司通过提供信息系统接口或其他信息技术手段，接入投资者交易系统并接收投资者交易和查询指令的行为。第三方接入的本质是开放了自动化交易，在风险可控的条件下活跃证券市场，但同时也会对证券公司信息系统以及证券市场带来风险和冲击。通过建立第三方接入管控系统（图 17），实时、准确地识别与定位异常交易的发生，能够及时阻断第三方接入带来的风险，从而保证证券公司信息系统的安全，维持证券市场的稳定。

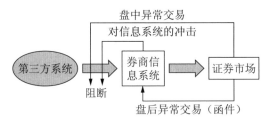

图 17   第三方接入管控系统

6.2   本研究对证券市场的作用

6.2.1   研究的应用价值和经济效益

（1）显著提升了东方证券的异常交易监控能力，并起到降本增效的作用。本系统相比原第三方公司提供的此类系统具有非常明显的优势。实际运行数据显示，本系统识别覆盖率100％，识别精准度比原系统提升了数百倍，使异常交易识别和处置的难度明显降低，异常处置的工作人员成本大幅降低，异常处置岗位由30人减少为1人。

（2）可以成为投资者教育的有效手段，维护资本市场的稳定。本研究做到了对市场交易行为的量化评价，从而可以有针对性地对客户进行交易合规性的教育，及时防范市场操作等违法违规行为，落实监管要求，降低监管合规性风险，提升客户管理水平。

6.2.2   研究的示范意义和推广价值

（1）在整个证券行业内具有通用性和普适性。操纵市场的行为会引起证券市场的混乱，破坏证券市场交易的秩序，影响正常的融资活动和证券市场的运作效率。本研究所建立的市场交易行为量化评价体系适用于A股市场，在整个证券行业具有通用性和普适性。可以让整个证券市场从会员端，对证券市场交易行为进行检查监督，及时发现和处理各种异常情况，完善会员端的交易行为监察体系，维护证券市场的正常秩序，有利于发展和完善证券市场监控体系。

（2）具有保护投资者合法权益的示范性。证券市场上的各种拉抬打压等市场操纵行为都会给其他投资者带来投资资产的损失，影响投资者对市场的信心，造成投资交易活动的萎缩。本研究所具备的全面、精准、有效的识别能力能够及时阻止并防范市场操纵等违法违规行为，从而起到保护投资者的合法权益的作用。

（3）金融科技赋能监管的示范作用。本研究将人工智能运用于监管领域，并取得明显成效，这一示范作用将极大地激发行业对金融科技的热情。本研究在业内具有较大反响并引起高度关注，相关主管部门也表示了对这一发展方向的高度认可。

6.2.3　研究的创新性

（1）首次对证券市场交易行为进行了准确的刻画。本研究用系统论的观点将证券市场作为一个微观生态来进行整体分析。通过对市场微观结构理论和人工智能理论的应用，建立了市场交易行为度量体系，改变了传统做法上以客户交易数据为核心的鉴定方法。

（2）优化交易监管，提高监管透明度。市场交易行为量化评价体系帮助证券公司和客户建立了对证券市场操作行为的认知，增加了交易过程的透明性，可以实时向客户反馈不同操作行为对市场的冲击程度，促使客户进行自我管理，充分发挥行业自律作用，引导客户合规交易，共同维护市场秩序，促进资本市场稳定健康发展。

（3）创造性地将人工智能应用到市场交易监管领域。本研究提出了一种新型机器学习方法——张量标签学习法，并将该方法运用于市场交易行为监控。张量标签学习法将原来的二维时间序列数据拓展为三维以上的时间序列数据，并且将行情数据与客户委托数据放入一个时间维度下进行统一处理。从多个维度更加全面地刻画客户异常交易行为，从而实现识别的高精准性。

（4）自主研发模式确保市场交易行为的风险管理快速适应市场环境的变化。东方证券自主掌握软件平台和算法的研发能力，可以根据市场变化深度定制满足监管需求和业务模式的平台系统，并且在后续业务模式变化时能够灵活快速地做出调整，以适应新的需求和市场变化。

参考文献

匡立伟：《基于张量的大数据统一表示及降维方法研究》，2016 年。

廖思威：《并行高阶 SVD 及其增量计算的研究》，2015 年。

程媛:《多关系数据聚类算法及其应用研究》,2014 年。

王飞:《基于众包的张量模乘计算》,2015 年。

Shekhawat,H.S. and Weiland S.,2018,"A locally convergent Jacobi iteration for the tensor singular value problem",*Multidimensional Systems and Signal Processing*,29(3):1075—1094.

Kim,J.,2018,"A new numerically stable sequential algorithm for coupled finite-strain elastoplastic geomechanics and flow",*Computer Methods in Applied Mechanics and Engineering*,335:538—562.

Zhu Q.,Liu Y.,Lu J.,et al.,2018,"Observability of Boolean control networks",*Science China-information Sciences*,61(0922019).

证券反欺诈风控技术及应用示范[*]

1 背景与关键创新

Gartner 给出过"欺诈检测"(fraud detection)的定义,即"通过对用户和其他定义实体的活动进行实时、准实时或批量分析的方法来保护客户和企业的信息、资产、账户和交易",其中欺诈行为涉及的对象不仅包括资金、账户和交易,也包括信息,后者的实体形式主要体现为数据,尤其是敏感数据。证券业正面临着上述范围所涉及的欺诈风险。

随着大数据、人工智能等新技术的发展,传统的券商业务正越来越多地与互联网相结合,推动业务模式的升级。经营机构充分利用现有 App 平台以及数据产品,个性化地服务不同客户、不同业务场景的需求,提高运营效率、赋能金融服务。但另一方面,数字化转型也带来了来自内外部黑产团伙的欺诈威胁。时下各大券商竞相展开线上营销活动,如日常拉新促活,"8·18 理财节"等,黑产团伙瞄准这一机会,通过技术手段侵占投放的资源。同时,作为金融机构,券商掌握了大量客户的敏感信息,面临着账号盗取、数据滥用和隐私泄露的风险。2020 年《中华人民共和国数据安全法》及个人隐私相关保护法律出台,经营机构面临着较大的合规压力。

金融机构的身份还为券商带来了复杂多样的欺诈风险,这些风险既有来自外部的"羊毛党""盗号党""爬虫党"的攻击,也有内部员工恶意或无意识的违规操

   * 本章由华泰证券股份有限公司丁安安、张嵩、张炎、李龙、谢翔、余祖应和上交所技术有限责任公司黄晶共同撰写。

作,甚至是内外勾结。为了保护投资者的利益、维持合规的"安全水位",如何组织相关资源,对不同类型的欺诈事件进行协同、有效地应对,是本研究的重点。本章作者团队经过多年的实践,探索出了一套反欺诈风控中台以及对应的风险集成处理机制,将各维度风险数据汇集起来,用统一的风险计算模块进行分析识别,产生各自的处置决策,并分配给不同的安全专家进行调查响应。

2 证券业欺诈风险类型及应对思路

证券业面临着来自内、外部的欺诈攻击,涉及的风险类型大体有三类:业务安全风险、账号安全风险、数据安全风险。

(1)业务安全风险。

黑产团伙通过虚假身份混入正常的业务活动,侵占业务活动不同环节中的资源。如在 App 营销拉新活动中,黑产团伙通过群控软件控制几千个虚假账号,用程序化模拟的方式参与活动,如每日签到获取积分等,进行奖励的兑换,进而通过快速积累进行变现。

(2)账号安全风险。

黑产团伙通过撞库、社工、中间人劫持等方法盗取用户的账号,进行股票的买卖操作;或者通过截取用户的资料、手机验证码等方式冒用他人创建账户,进一步从事违法活动。

(3)数据安全风险。

证券机构存有大量投资者数据以及高净值人士的个人隐私资料。在日常的内部经营活动中,通过对这些数据的智能化分析,可以给投资者提供更高质量的个性化服务。但内部员工的恶意或无意识的违规操作,如利用权限高频次查询客户信息,以及与外部黑产团伙勾结,通过为其提供权限接口或直接外发数据等手段泄露敏感资料,给投资者和公司带来损失。

每一种风险类型的欺诈场景、手段,及其应对思路如表 1 所示。

表 1　证券业面临的风险类型和欺诈场景

风险类型	欺诈场景	欺诈手段	应对思路
业务安全风险	营销作弊	通过控制大量虚假账号,参与券商App的营销活动,侵占业务活动投放的资源,如购物券、折扣券、现金券等	通过行为规则和 AI 模型,对作弊风险进行打分,并实时阻断
	骚扰诈骗	冒充券商工作人员,或者伪造券商App,诱导用户进行注册并进一步进行资金的转移和敏感信息的获取	通过外部情报监控,捕捉站外诈骗行为;结合内部的欺诈画像沉淀,推送公安、执法等机构进行联合打击
账号安全风险	账号盗用	通过撞库、社工、中间人劫持等方法盗取券商用户的账号,进而实施不法行为,如盗取多个账户进行股票买卖,或者跟踪账户的持仓等信息	通过行为规则和 AI 模型,对盗用风险进行打分识别,并实时阻断
	账号冒用	通过窃取信息,冒充他人注册、开立账户,以他人名义从事违法行为,或者窃取他人财物	通过冒用行为评分,结合生物识别进行阻拦
数据安全风险	数据泄露	内部员工利用权限恶意或者无意识的违规操作,或因系统本身缺陷,如明文存储、脱敏不合规等原因,造成敏感数据外泄	部署 DLP 数据防泄漏监控,结合敏感内容识别(规则＋AI 模型),实时对高危外发进行预警
	数据滥用	黑产团伙通过爬虫、中间人劫持、盗号等手段,或内外勾结,通过任意SQL 执行、过度采集等不合规行为,对数据进行大量异常调用,获取公司数据资产	对 API 接口流量进行监控,对异常调用行为进行打分;部署数据库审计防止不合理的数据库使用

　　不同的风险在识别和处置上,既有共性也有特殊性。无论是侵占业务资源、登录盗用的账号,还是窃取敏感数据,黑产为了短时间大量获利,其操作行为都与正常行为有所区别且有一共性,如高频操作、行为突变、异地切换,以及异常的操作环境等。这些相似的逻辑可以在同一个风控模块中进行实现。另一方面,不同的风险类型会产生不同的决策,如业务安全风险以自动阻断为主,在一定风险分配的保证下,大部分高危请求可直接阻断,少数聚集性行为需要人工研判定性,避免误杀;而数据安全风险以人工调查处置为主,尤其是内部的疑似数据滥用行为,不仅要人工调研背后原因,还需要配合教育、提醒、处罚等措施。

在下一节,我们将结合华泰证券自身的经验,阐述证券业反欺诈风控中台以及对应的风险集成处理机制。

3   证券业反欺诈应用实践

华泰证券是较早推行"全面数字化转型"的券商之一,也较早布局了反欺诈风控能力,打造出自己的反欺诈风控中台。经过几年沉淀,华泰证券的反欺诈风控中台目前已经汇聚了丰富的数据,包括内/外部的用户行为和属性、第三方情报数据、资产数据等。通过实时流处理技术、离线 AI 算法能力,以及专家级风险运营和闭环,锻造出应对业务安全、账户安全、数据安全的三大风控能力。图 1 对反欺诈风控中台每一层的具体功能进行了介绍。

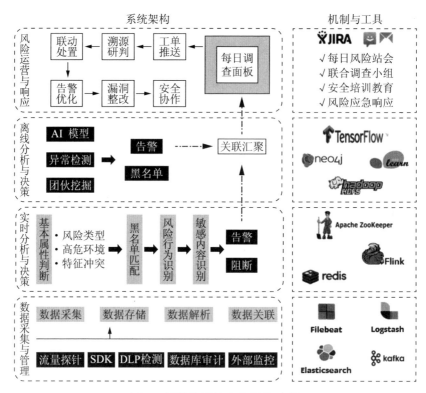

图 1   反欺诈风控中台具体功能

3.1　风险数据采集与管理

反欺诈风控中台汇集了多维度风险数据,以丰富后续的建模和分析,并便于运营过程中的风险查询。数据用 Elasticsearch 进行存储,目前接入的数据主要包括:

- API 流量数据:通过流量探针,将 API 调用的流量数据清洗并接入进来,用以对 API 异常调用的统计分析。
- 设备风险数据:通过 SDK 嵌入应用,采集与设备相关的信息和特征,如浏览区 UA、设备是否越狱、是否使用模拟器、OS 等信息,判断"黑灰产"的躲闪行为。
- DLP 外发行为数据:接入公司内网环境内的外发行为日志数据,并结合进一步的检测识别,用于预警敏感资料和数据的外发。
- 数据库审计:接入数据库操作的行为日志,用以判断是否存在高危的数据操作和滥用行为。
- 外部监控情报:对外部主流暗网、黑产论坛、网盘等途径进行监控,及时捕捉可能存在的黑产交易活动、黑产 IP、外泄数据等重要信息。

在每一个数据进入的过程中,都会进行解析和清洗,同时会进行基本的关联分析,如内部 IP 地址进行了数据外发,数据通过 Logstash 传输进来的同时,会与 IP 的归属人进行关联,对数据进行丰富化;外部用户对登录接口调用数据,会与情报数据中的黑产 IP 进行关联,完善风险维度。

3.2　实时分析与决策

数据完成解析和丰富化之后,会进入实时分析阶段,通过统一的计算模块来完成风险的识别,主要包括:

- 基本属性的分析判断,对当前请求涉及的风险类型、操作环境、用户属性等进行基本判断,如是否正在进行数据外发或参与营销活动、是否使用模拟器、用户来自哪一地区以及与其手机区号是否匹配等。
- 与存量黑名单进行实时匹配,由于黑名单是置信度较高的"黑灰产"介质库

（IP/手机号/设备等），当前请求如果匹配上，则基本可以判断是黑产行为。

- 采用基于 Flink 流式实时处理技术的规则引擎，结合前置的场景设定，对高危行为进行通用识别，如以频繁登录为特征的撞库和暴力破解，以高频操为特征的机器人模拟，以行为突变为特征的非本人操作等。
- 对于数据外发行为，通过正则表达式、文档指纹比对等文本处理方法，对外发的文件内容进行检测，判断是否有敏感数据泄露。

实时分析之后，平台会根据不同的风险类型和风险得分进行决策。对业务安全和账号安全中的高风险行为，会直接进行阻断或踢出登录状态，并将账号和设备保存至 redis；对多次触发高风险判断的账号和设备，会将其计入永久黑名单；对中低风险行为，会落入观察区，待进一步离线深度分析；对数据安全则输出告警，不做直接阻断，待进一步离线分析和专家运营响应。

3.3　离线分析与决策

经过实时分析过滤后，业务安全和账号安全的中低风险请求、数据安全的告警行为会流入离线分析层进行深入分析。在离线分析阶段，我们利用 AI 模型、异常检测、团伙挖掘三个模块进一步分析：

- AI 模型：通过历史数据训练 AI 有监督模型，对行为进行综合打分。
- 异常检测：基于风险"离群"和"异常"的特点，采用统计分布的偏离度、PCA、随机森林等算法，判断该行为与正常大多数行为的异常性。
- 团伙挖掘：对中低风险请求和告警请求进行聚类，如果大量请求或告警被发现来自同一个设备，或者它们通过设备、IP、LBS、账号等关联在一起，则很可能是一个团伙行为，通过躲闪、群控等方法绕开基本的风险规则检测。

对风险进行离线深度分析后，对于识别出来的外部欺诈行为，大部分会直接进入黑名单，包括欺诈者的 IP、手机号等，以供下次再触发时进行阻断。部分特别大型的外部团伙，与内部欺诈行为一样，需要进一步的专家研判调查，将相关请求进行汇聚，并带上风险标记，打入每日威胁面板。

3.4　风险运营与响应

经过实时分析、离线分析之后，流入每日威胁面板的量级大约在 10 条以内。

通过前面的关联分析、团伙聚类、异常检测等算法的判断后,面板上详细记录了每条威胁的来龙去脉,列出"谁→在什么时间→做了什么异常操作→是否有外部情报印证→归属于哪个团伙"。

威胁面板生成之后,会根据风险类型,实时通过 JIRA 工单推送给不同的安全专家进行调查,并通过每日站会回顾当日的调查情况。对于外部团伙,需要结合更多外部情报,酌情进行全部或部分的处置;对于内部团伙,涉及数据滥用或泄露等行为,很可能需要跨部门调查的,华泰证券通过相应的对接制度成立联合调查小组,3 个工作日内反馈调查结论。

对于漏报或误报的威胁,安全专家研判复盘原因,并调整分析模型。对发现的业务漏洞,如营销活动设置的不合理之处,API 接口的缺陷等,推动进一步整改。安全专家对风险运营的过程每日轮值记录,并定期进行分析,找出"安全水位"的短板,组织、联合内部各业务团队和外部资源进行协同治理。目前已实践的项目包括:

- 安全教育培训:对内部员工,宣贯安全技能、定期做好安全提醒,并以事件为驱动进行相关处罚;对外部用户,分层推送安全教育文章。
- 专案打击:联合公安等执法部门,对欺诈者进行投毒测试和打击。
- 蓝军服务:定期组织业务和数据蓝军,对业务活动的逻辑、应用接口的脆弱性以及反欺诈的识别能力进行模拟攻击,发现风险暴露敞口,并及时进行优化整改。

4　总结和展望

随着数字化转型的加速推进,证券业将会面临越来越严重的"黑灰产"欺诈攻击。同时,证券行业是投资者的聚集地,掌握了大量个人信息,这也决定了其风险类型和欺诈场景有一定特殊性。如何组织相关资源,对不同类型的欺诈事件进行协同、有效的应对,是一个需要解决的问题,也是本研究的重点。本章以华泰证券实践为例,介绍了证券行业正在做的探索和尝试,具有推广和示范效应。后续我们将继续在业务安全风险、账号安全风险、数据安全风险三个领域对反欺诈风控模型进行完善,通过运用机器学习、深度学习等前沿技术构造更多决策模型进行风险识别,进一步提升华泰证券"黑灰产"欺诈识别能力。

参考文献

张嵩等:《证券行业数据安全建设思考与实践》,《金融电子化》2020 年 5 月(总第 296 期),第83—86 页。

张嵩等:《基于 API 安全视角的个人金融信息安全风险防控》,《金融电子化》2020 年 8 月(总第 299 期),第 17—18 页。

Gartner, "Definition of fraud detection", https://www.gartner.com/en/information-technology/glossary/fraud-detection.

上市公司负面事件预警模型与系统研究[*]

1 研究背景与意义

1.1 研究背景

近年来中国资本市场快速发展,上市公司的规模与数量逐年增加,但与此同时,投资者面临的上市公司"暴雷"风险日益凸显,上市公司造假、隐藏关联交易、业绩"变脸"、资金链断裂乃至退市问题,给投资者带来了较大的损失。自 1997 年以来,A 股市场共有 381 家上市公司因信息虚假披露或严重误导性陈述发生过违规行为,违规案件合计 597 起。仅 2018 年度的违规案件就已"破百",达到 169 起,而 2019 年也有 80 多起。2018 年度上市公司或其股东、实际控制人、董监高等因违法违规行为被立案调查 58 次,2019 年内中国证监会及地方证监局已开出 296 张罚单,市场禁入 66 人,其中内幕交易占比高达 30% 以上。到 2020 年第二季度,中国证监会和地方证监局已经发布 123 张行政处罚决定书,对 46 人采取市场禁入措施,其中,信披违规罚单 48 张,内幕交易罚单 35 张。为保障中国资本市场的有序健康发展,国家监管部门对上市公司的监管力度不断加大,并积极倡导科技监管发展方针。

对于传统上市公司的分析,是由具有较为丰富的财务知识背景的专业人员对公司经营、财务状况等维度信息综合分析得出来的,基本流程包含以下四个方面:

※ 本章由长江证券股份有限公司潘进、陈传鹏、蔡夏丰、梁穆清、高昌仁、谢旭徽、杨东东和上交所技术有限责任公司唐忆、李晓娜共同撰写。

首先是收集数据;然后根据各自分析需求预处理数据;接着根据上一步处理的数据,研究人员基于自己的经验与业务规则对对应数据进行判断,发现企业相关特点与事件影响;最后根据前面做的分析将分析结果输出为报告,通过图形与文字描述企业的运行状况。通过对研究员的研究流程进行梳理,我们可以发现传统的研究模式主要存在以下四个方面的问题:

(1)数据收集难:截至 2020 年,A 股市场股票总量已有 3 000 多只,每年产生上万条公告与相关数据,数据来源各异,报告时间不定,人工从各类网站和公司相关公告中提取相应的数据及与企业相关的事件较为困难。

(2)研究覆盖面窄:上市公司数量较大,一个人的研究精力有限,研究员只覆盖了十分之一,对每家公司进行细致的分析,专业要求高,工作强度大。

(3)计算低效:有些复杂计算人工无法准确又快速地完成,数据实时性无法得到保证,数据更新没法第一时间获取同时对应处理,处理效率低。

(4)可复制性低:分析方法完全取决于研究人员的历史经验与业务积累,专业性高,研究方法可复制性较低。

现有市场上有不少企业分析的产品,但我们发现他们的造假分析多数是基于财务三大报表数据。它们对于商业模式、上下游关系以及公司业务实质情况涉及不多,也缺少对企业舆情、相关负面事件影响的整合。

为了解决传统企业异常分析的这些弊端,本研究利用智能化与大数据技术优化现有流程,通过实时采集企业行业不同数据进行分析。在研究分析中,将财务分析与舆情事件分析结合,把一些公司研究中重复性、过去依靠经验才能完成的分析决策工作,固化到计算机软件之中,减轻研究人员从事重复性的逻辑判断和指标数据分析的工作量,相关人员可将更多的时间用在决策、计划和执行工作上。这样既保留了专业性,也保证了数据的准确性与实时性。

1.2　研究意义

大数据人工智能时代的来临给公司异常与负面问题分析方法带来了新思路。通过大数据、人工智能等技术对上市公司公开披露的财报、公告等数据与第三方舆情、特有指标数据进行综合分析,对其中潜在的问题以及风险进行及时的预测和发现,发掘公司财务、关联交易、负面新闻事件等各方面可能存在的异常,并提供相应的线索,成了公司问题研究的重要方向之一。新的监管手段也将有助于进一步提高监管效率,促进资本市场的健康发展。基于大数据、机器学习技术的智能化分析,本研究中的上市公司负面事件预警模型与系统将有以下优势:

(1)处理效率高:将查找数据、计算指标、分析判断等大量繁琐、重复性工作交给计算机自动化实现。采用大数据并行计算的方式处理数据,提高批量数据处理效率。

(2)多数据维度:通过企业图谱与企业行业信息整合,基于不同行业与企业特点进行针对性分析,不止于单一模板与数据,形成全方位多维度分析。

(3)即时数据采集:通过实时对数据进行采集与监控,能够在第一时间更新对应数据,并对可疑事件做到风险早知道早预警。

(4)分析更智能:采用传统理论结合前沿模型的方式,实现手工难以做到的算法逻辑判断,发现人工难以发现的隐藏信息与数据特征,提升分析能力。

2　研究目标与内容

由于上市公司数量较大,造假舞弊等手段层出不穷,对每家公司进行细致的分析将面临专业要求高、工作强度大等问题。为解决这些问题,本研究运用大数据处理技术,结合机器学习与自然语言处理算法,形成了公司负面事件异常预警整体分析流程与服务系统。

具体而言,本研究工作内容分为四个阶段:

(1)数据采集:整合上市公司、监管部门、财经媒体、工商司法、评级机构、微信公众号、社交网络等多种数据源数据进行实时采集。并对数据进行预处理,对采集到的各类文本信息,开发专有智能文本解析引擎将文档转换为统一格式,然后运用自然语言处理技术与模型进行实体关系识别与关键数据提取。

(2)数据存储:将采集提取后的数据与第三方数据源数据一起,基于不同场景应用,存入数据层不同的数据库提供数据支持,如将实体关系数据存入图数据库,将历史数据存入 HDFS 与 Mongo,将需要提供搜索功能的数据存入 Elasticsearch 中,基于不同数据库的特点对外提供不同的数据服务。

（3）模型训练：基于大数据处理与机器学习平台，形成不同需求对应的数据预处理与模型训练流程，进行对应的模型训练与结果输出。结合业务经验与机器学习算法形成公司负面因子判断模型，生成公司负面指数与对应公司标签数据；基于股东减持与股票质押等公告类信息，对应计算与展示其实时状态与可能风险情况；针对媒体舆情类数据，基于自然语言处理技术，采用文本分类计算文本相似度等方式，对舆情事件类别和情感级别进行分析判断，形成正负分类等级；利用公司关系数据集形成关联交易知识图谱，形成关联异常预警模型。

（4）应用服务：对于模型结果，系统根据不同的业务需求提供不同的功能封装，一方面提供服务 API，进而方便相关服务调用，可对模型输出结果进行对应的查询；另一方面提供消息订阅功能，实时对异常信息提供消息提醒；同时还提供了前端查询及展示界面，输入公司代码之后，系统自动生成相应的研究报告，可以直观完整地了解公司的基本情况及可能存在的风险。

3 关键技术与方法

3.1 系统架构

本研究的整体架构如图 1 所示，至下往上分为数据采集层、数据处理层、存储层、模型训练层与应用服务层。

最底层即数据采集层对应最基础的数据源，其中主要对接了财务报表、工商数据、舆情、官方公告、财经媒体、企业行业个性化数据等各种不同来源数据，保证系统数据的丰富性。接着的数据处理层是公司智能数据解析引擎，主要负责支持不同源的对接，并对各类数据进行解析处理。再往上是数据存储层，负责对不同结构的数据基于应用场景存入相应的数据库，比如，需要搜索的数据存在 Elastic-search 中，图关系数据存在 Neo4j 中，对模型层与应用层提供不同的数据支持。接着往上就是核心的模型处理部分，这一部分为了支持不同模型的数据，首先会对原始数据进行特征工程处理，并生成新特征，让数据更符合算法要求，进行多维度

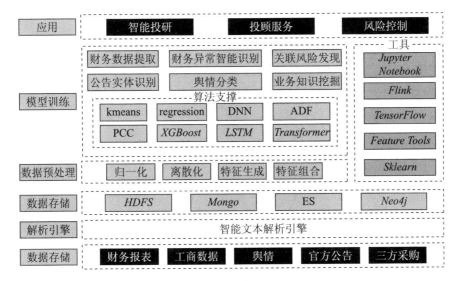

图 1　系统架构

分析。然后对处理后数据根据不同算法进行模型训练。本研究运用到的算法主要包括 kmeans、DBSCAN 聚类、回归(regression)、XGBoost 分类、DNN、Transformer 深度学习算法、ADF、ARIMA 时序数据分析等。通过这些算法会实现上层业务模型的训练,比如,分析财务数据之间的关系、是否发生异常、挖掘企业相关关系、对舆情公告数据中包含的数据进行提取与分类等。而这些模型训练与数据计算都采用分布式系统进行支持,深度学习模型采用 GPU 训练,保证计算效率。最后是上层应用服务,通过将对应模型结果封装输出到智能投研、投顾、风险预警方面进行对应的业务服务。

3.2　数据采集处理流程

数据采集处理是系统分析的开始,将数据搜集整合与加工处理,为后续分析打好基础,其核心为长江自研的智能数据解析引擎,具体工作流程如图 2 所示。数据源整合上市公司、监管部门、财经媒体、工商司法、评级机构、微信公众号、社交网络等数据,结合金融业务,细分具体不同的事件类型,尤其是负面事件类型,如高管异动、诉讼仲裁、股票质押等。基于大数据流式计算平台 Flink,对采集到的各类文本信息,引擎先将文档转换为统一格式,然后运用引擎对应的自然语言处理技术与模型进行实体关系识别与关键数据提取。对于财务数字信息，引擎针对每个公司行业具体业务的信息抽取对应数据，而不止于传统三大报表。提取处理数据后分析引擎会进行标准化处理，这里也会基于会计准则的变化做适配标准化，如对于有些字段名变化像贷款减值准备、贷款损失准备这种近几年取名变动不一样的情况，系统会对应转换处理，把只有专业会计人员了解的知识固化下来，减少分析人员的误判。最后，引擎会对原始数据进行部分二次处理，计算比率变化、行业排名、平均值等信息，然后基于不同场景应用存入不同的数据库提供数据支持，例如，实体关系数据存入图数据库，历史大量数据存入 HDFS 与 Mongo，需要提供搜索功能数据存入 Elasticsearch 中。

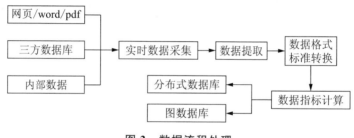

图 2　数据流程处理

3.3　财务分析模型

在模型处理部分，本研究主要将业务模型与机器学习模型结合。业务模型基于业务经验与历史统计信息，机器学习模型则采用不同的机器学习算法，如 DBSCAN 聚类、XGBoost、Random Forest、LSTM 等对所有数据进行训练分析。模型训练基本流程如图 3 所示。

图 3　模型训练基本流程

3.3.1　数据预处理

从对应数据库中读取所需数据，需要对原始数据进行数据预处理。数据预处理包括缺失值填充、极端值处理、去规模化、离散化等方面。

数据值缺失是数据分析中经常遇到的问题之一。当缺失比例很小时,可直接对缺失记录进行舍弃或手工处理。但在实际数据中,往往缺失数据占有相当的比重。这时若手工处理非常低效,如果舍弃缺失记录,则会丢失大量信息,使不完全观测数据与完全观测数据间产生系统差异。常见的缺失值填充方法有填充默认值、均值、众数、KNN填充等。在本研究中,智能引擎处理时会根据造成缺失值的原因采取对应方式处理,如由于会计准则变化导致的数据缺失,处理时会根据字段自动映射填充;对于公司不存在的指标项如金融公司的存货等采用零值填充等方法,通过对不同情况的分别处理,提高数据的准确性。

极端值又称异常值,即数据集中存在不合理的值,又称离群点。财务数据中由于指标计算会有可能出现极大值或极小值,如何判定和处理异常值,需要结合实际。目前系统主要采用四种方式处理:(1)删除含有异常值的记录;(2)将异常值视为缺失值,按照缺失值处理方法来处理;(3)用平均值来修正;(4)不处理。

系统对数据进行去规模化的原因有二。一方面,上市公司规模存在较大差别,财报原始数据中数量级存在较大差别,不具可比较性。另一方面,从模型优化角度来看,如果输入模型各个特征数量级差别很大,会显著影响模型优化速度。

对于各种为连续变量的财务数据,如果直接将连续变量作为输入放入机器学习,则结果泛化能力较差。而离散特征增加和减少都很容易,易于模型快速迭代。稀疏向量内积乘法运算速度快,计算结果方便存储,容易扩展。而且离散化的特征对异常数据有很强的鲁棒性。

通过数据预处理,保证大多数特征的数量保持在一个相对固定且分布范围适当的区间,可增加特征稳定性,提高信息密度。

3.3.2　特征工程

对于处理完的数据进行进一步特征工程。对于基础数据分析,系统可生成一系列数据报告如图4、图5所示。基于该报告可观察数据间关联信息与样本数据分布特点,为探索性数据分析提供可视化总体概览,辅助研究人员进行后续研究。

图 4　数据分布情况

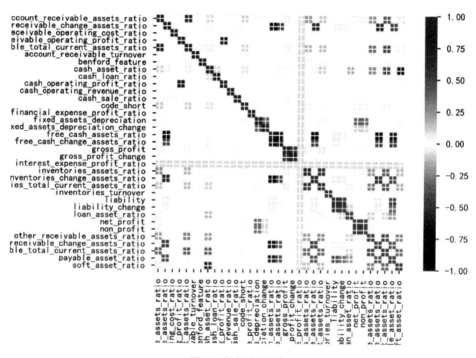

图 5　数据相关性

　　对于特征值的选取,系统一方面基于业务经验计算对应特征值,比如,毛利率、产权比率、资产负债率、上一年利润是否小于 0 等传统财务指标,结合审计意见、质押情况、股东占比等非财务指标;另一方面采用相应特征工程工具如 Feature Tools 等对特征进行组合探索,构建衍生指标如商誉占比总资产、同比环比数据、季度年度滑窗等。通过不同的特征处理方式形成了 3 000 多种特征指标,支持模型从多维度进行全方位的数据分析。

　　在利用机器学习模型进行预测时,过多的特征反而可能会影响结果的准确性,甚至过拟合。因此我们要对特征进行筛选,这里我们采用 SHAP 模型进行特征重要性评估。SHAP 起源于合作博弈论,是由夏普利值(Shapley value)启发得到的可加性解释模型。对于每个预测样本,模型都会产生一个预测值,SHAP 值就是该样本中每个特征所分配到的数值,该数值大于 0,说明该特征提升了预测值,有正向作用;反之,说明该特征使预测值降低,有反向作用。如图 6 便展示了不同特征对应结果的影响,像红色的就是正面影响大的特征,蓝色的是负面影响大的特征,通过不同值累加得到最终结果,基于该原理找出影响最大的特征进行进一步模型训练。其步骤为:(1)训练时默认特征全开,多轮预跑后得到所有的特征重要性;(2)挑选重要性前 n 个特征训练,观察 loss 是否下降,n 的数值由机器自动搜索选取;(3)挑选 loss 最低的特征个数,并结合人为指定必须被选中的特征如审计意见、质押、高管变动情况等,生成新的训练集。

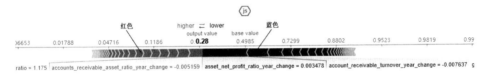

图 6　SHAP 值可视化

3.3.3　模型训练

　　在模型训练部分,将选取适当的模型,并使用由特征工程输出的数据集来进行模型训练。对于含有标签的数据,如是否被监管部门确定造假,我们采用回归、XGBoost 等监督模型进行对应分类模型融合训练,而对于时序数据异常发现,我们采用聚类与 AutoEncoder 模型进行分析。在训练过程中对于样本分布不均衡问题,需要采用过采样或欠采样进行数据处理。在财务异常应用场景中,负面样本不足且异常程度不一致,同时正面样本未必完全正常,需要对正常样本提纯。下采样由于负面样本较少,训练与测试集重复,可能导致过拟合,因此采用 SMOTE 上采样方式生成近似样本,每次从白样本中随机抽取和黑样本相同数量的样本,进行 1∶1 训练。

　　针对模型的可解释性问题,决策树构造时采用信息增益最大的特征,特征使用越多,对应重要性越高,因此采用以决策树为基础、效果较好的 XGBoost 作为主训练模型,同时考虑到单一模型的局限性,在模型训练过程中采用了模型融合的方式对结果进行增强。模型融合就是训练多个模型,然后按照一定的方法集成个体模型,可以通过数学证明,随着集成中个体分类器数目的增大,集成的错误率将指数级下降,最终趋向于零。个体模型准确性越高、多样性越大,则融合得越好。简而言之,模型融合可用孔多塞陪审团定理来解释,每个人用各自的特质来观察问题,一个人的判断总是带有一方面的偏见,当我们综合多个人的意见时,这种偏见就会弱化,总结出一种集体智慧。模型也会有它对于数据的偏见,这里融合就是弱化偏见、形成集体智慧的方式。因此采用回归、Random Forest 等算法作为副模型,采用集成融合的方式进行模型融合,模型评价采用准确率与 AUC 指标验证,模型判断 AUC 值为 0.86,其指标重要性排序如图 7 所示。可以看出,其中审计意见为标准意见异常可能性较小、商誉过高、上一年利润为负等判断异常可能性较大的特征与业务经验判断有一致性。

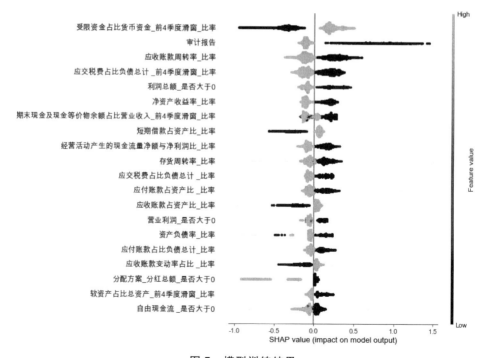

图 7   模型训练结果

AutoEncoder 作为神经网络里的一类模型,采用无监督学习的方式对高维数据进行高效的特征提取和特征表示,并且在学术界和工业界都大放异彩。AutoEncoder 框架的基本思想如图 8 所示。AutoEncoder 框架包含两大模块:编码过程和解码过程。通过 encoder(g)将输入样本 x 映射到特征空间 z,即编码过程;然后再通过 decoder(f)将抽象特征 z 映射回原始空间,得到重构样本 x',即解码过程。优化目标则是通过最小化重构误差来同时优化 encoder 和 decoder,从而学习得到针对样本输入 x 的抽象特征表示 z。根据正常数据训练出来的 AutoEncoder,能够将正常样本重建还原,但是无法将异于正常分布的数据点较好地还原,导致还原误差较大,因而可以判断出异常数据。其结果如图 9 所示,可看到异常数据对比正常数据存在较大误差。

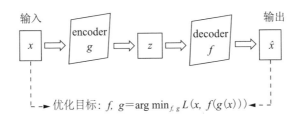

图 8　autoencoder 模型结构

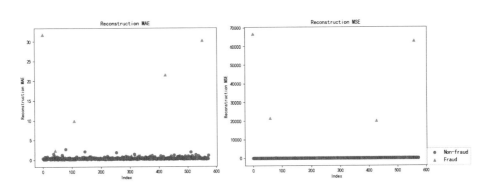

图 9　模型结果

对于业务知识模型,模型主要分以下几个方面进行分析:

(1)采用皮氏 F 分值模型、FS 分值模型、PROBM 模型(操纵概率模型)等传统分析方法进行分析。

（2）基于业务知识，通过财务数据对企业关键指标结合时序分析模型进行统计分析，展示所处行业水平与自身历史水平状况，通过与行业及自身历史的比较，发现异常财务指标。

（3）分析指标间的勾稽异常关系，发现疑点。根据不同指标之间的关联变化与历史对比判断公司特点，如看企业在不同业务方向的投入查看其战略选择；有的银行倾向于多投放贷款以博取更高的收益，有的银行喜欢多做金融投资，承担的风险更小。这样它们在资产端的结构就会有明显区别。通过对比各项关键指标值与变化率是否存在异常变动进行异常分析，比如收入与税金、现金与利息是否匹配等。

系统数据与模型基本分析能基于长江智能算法平台实现，该平台的功能包括：数据清理和转换、数值模拟、统计建模、机器学习等。而模型与数据的大规模计算分析依托于 Flink 大数据计算平台，对于实时数据，模型采用流式计算过程实时计算相应结果并进行输出；而对于历史批量数据，则采用定时批量任务方式进行并行计算处理。同时算法平台集成了 Sklearn，TensorFlow 等组件增强了系统的数据分析能力与整理处理能力。

3.4　舆情与关键事件分析

财务是静态的，而市场运行是变化的。一季度发布一次的财报，根本无法实时了解公司动态，因此本研究引入了舆情与关键事件分析，对接多个数据源进行实时分析监控。采用动静结合方式，实时采集舆情与关键事件数据，结合金融业务，细分具体事件与舆情类型，对公司异常事件，尤其是负面事件类型，如高管股东减持、股票质押等。对于公告信息，系统会提取对应数字与图谱实体结合，对公司发展的情况进行进一步分析，例如，如果公司竞得大标，可以提取对应交易数字评估对下一年利润增长影响；如果有公司收购，可以提取对应产生的商誉数据，评估是否有商誉过高的问题。

3.4.1　舆情分析

对于舆情公告数据，本研究通过自然语言处理技术，基于 ERNIE 语言模型，采用文本分类计算文本相似度等方式，对舆情事件类别和情感级别进行分析判断。情感分类模型采用的是基于百度 ERNIE 语言模型结合多层双向 LSTM 模型的有监督学习分类模型。如图 10 所示,在模型中输入一段中文文本,到 ERNIE 语言模型构成的输入层,然后经过由多个双向 LSTM 组成的多层网络结构,最后对应的输出是这段文本在不同分类结果下的概率分布。基于该模型系统对不同舆情形成正负分类等级,并结合公司股价等信息评估影响。其中,判断过程一方面采用人工标注数据进行训练,另一方面结合股价变化数据进行市场影响预估。

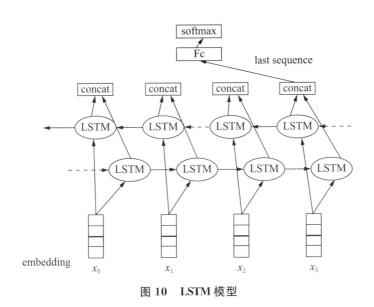

图 10　LSTM 模型

3.4.2　知识图谱

本研究结合知识图谱进一步分析舆情与关键事件发生的影响与风险。

通常一个完整的知识图谱的构建包含以下几个步骤(图 11):(1)整理相关源数据,其中主要分为结构化数据、半结构化数据与纯文本数据;(2)对不同类型数据采用不同方法进行预处理与数据清洗加工;(3)结合知识图谱功能的设计,基于图数据格式将处理后的各类数据存入知识图谱中供后续使用与评估。

结构化数据本身经过严格的数据清洗加工,其质量已经很高并且冗余度很低,可以直接使用。非结构化数据则主要针对采集到的公告资讯等数据,其处理流程如图 12 所示:首先,经过实体提取模型对语料进行分词以及词性标注。然后通过训练的语料模型,提取出实体、关系、属性,由于数据来源多样,不同来源数据

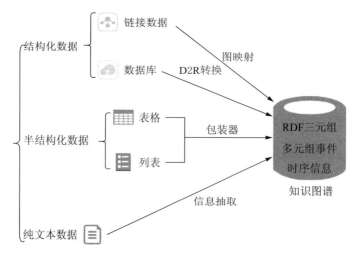

图 11 数据图谱化

中的实体需要链接到正确的实体对象。接着企业的实体对齐通过名称、代码等实现,模糊对齐通过名称相似度、地址相似度、电话相同实现。最后转化为图谱展示,能迅速得到资讯的主体信息,更方便地从冗余信息中获取关键字眼与对应信息。

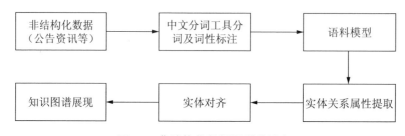

图 12 非结构化数据图谱化流程

基于知识图谱库,本研究结合舆情公告事件,进行深入分析,达到负面事件预警的目的。对于图谱实体,系统覆盖了公司、产品、行业、概念、地域,甚至对资讯、研报、事件、指标也做了定义;对于实体关系,系统主要以股权关系为主,覆盖产业链上下游。

基于其功能特点,知识图谱可以在多源异构的大数据中挖掘实体之间的隐含关联关系,发现潜在关联与违规行为。本研究主要基于以下方面应用图谱功能:

（1）基于图搜索算法查找存在路径关联的多个实体，发现企业与企业、企业与自然人、自然人与自然人之间的关联关系，强化线索发现能力和信息分析能力，基于该功能可快速确定企业个人等实体间的关系。实体关系示例如图 13 所示。

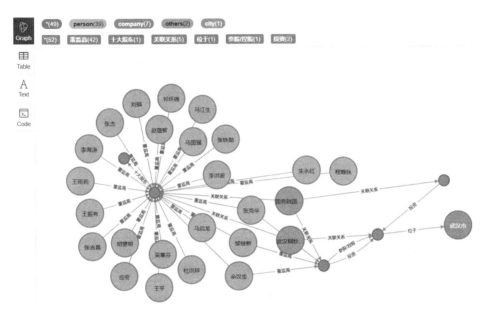

图 13　实体关系

（2）通过公司关系图谱并依据股权穿透、股权减值、实控人识别对企业的股权结构进行分析，同时分析企业的高管、供应商、交易对手方、股东、投资公司之间的关联交易关系，判断股权结构与关联关系对于风险的影响程度。例如，公司 A 发出公告收购公司 B，系统将提取公告中的实体公司 A、公司 B，通过在图谱中以图挖掘的方式发现公司 A、公司 B 的隐藏关系，如实控人相同、高管亲戚关系、公司办公地址雷同、公司 Email 和电话类似等问题，进而发现该笔交易的异常并预警。隐藏关联示例如图 14 所示。

（3）结合财务异常模块，对异常值较高的公司分析其出问题后产生的异常链并进行预警，如公司 A 的财务异常风险较大，则对其承销保荐公司 B、质押公司 C 都可能造成影响，系统将对公司 B、公司 C 进行预警，提示它们可能受到公司 A "暴雷"的关联影响。其具体流程如图 15 所示。

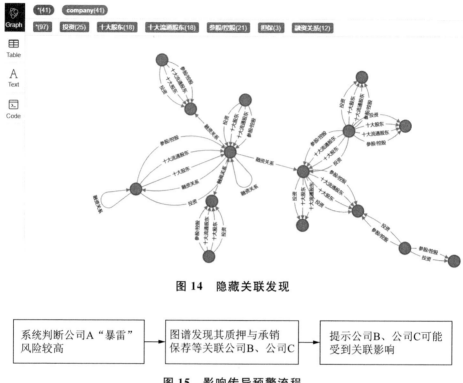

图 14   隐藏关联发现

系统判断公司A"暴雷"风险较高	图谱发现其质押与承销保荐等关联公司B、公司C	提示公司B、公司C可能受到关联影响

图 15   影响传导预警流程

3.5   分析报告

通过将以上模型功能进行整合,系统采用自动分析报告的模式将所有功能进行统一展示封装。报告采用模块化处理的方式,把分析方法固化到软件逻辑中,将数据与企业等公共数据抽象出来,并实现可视化交互。同时考虑到不同企业和行业会有各自的指标与特点,系统提供了指标模块定制化功能,以满足个性化分析。而且对于算法与事件相关内容,系统有独立模块支撑管理,不同企业对应不同算法分析只需调用算法 API 即可得到结果展示,同时对于实体发生的最新新闻或事件与关系可以实时在报告中更新展示。

对于不同的行业关注指标有所差异的问题,系统会根据不同企业添加需要的专业指标,然后进行特定分析,分析报告架构如图 16 所示。

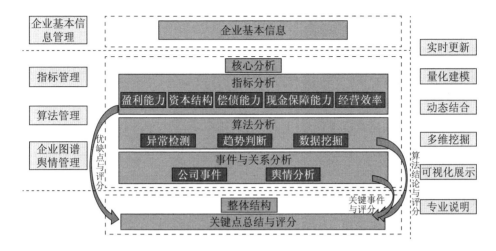

图 16　分析报告架构

　　架构整体可分为三层：第一层为企业的基本信息，该部分是对企业基本情况的介绍，包含了企业历史相关行业与发展情况。中间第二层是核心分析模块，该部分包含指标分析、算法分析、事件与关系分析三大管理模块，对不同数据进行管理。指标分析部分将不同的指标归类为 5 种类别，分别对应公司的不同方面能力，其中包含的指标通过指标管理模块统一管理。可通过动态配置不同企业行业对应的分析指标，实现不同方面的动态分析，比如券商行业需要分析经纪收入、融资融券业务、证券市场等指标情况，而制造业需考虑存货周转率、应收账款、上下游业务等指标情况，此处可通过配置分析不同类别能力下的对应指标，展现企业整体财务情况。同时，报告将可视化展示指标每年的变化情况和组成情况，如资产的每个部分组成占比，哪一项占比较高，并对于不同的情况会生成对应的描述词进行解释，如应收账款、商誉等占比高会有提示性描述生成，告知风险点。算法分析模块维护了各种不同算法，该部分主要是考虑不同算法在数据情况下的应用也不同，对时序性数据需要时序分析做趋势判断，而对财务异常判断需要采用分类异常检测模型做异常检测，因此本部分采用算法管理模块统一对应管理所有算法服务。事件与关系分析模块负责对公司舆情与公告相关情况进行展示，该模块一方面会实时展示公司存在的负面舆情与事件，如负面新闻、股东最近增减持情况、是否存在违法、是否有解禁等信息，另一方面会对公告进行分析，结合图谱分析其是否存在关联关系等问题。最后对于前面的分析情况,每个部分会将其结论与单独评分汇总到结论部分,总结部分会根据前面的表现得出总结,评述其优点与缺点,如指标分析哪些能力不足、哪些能力有优势、不足与优势的具体点在哪、算法分析检测到哪些异常、事件分析舆情情况等,让使用者重点注意,并得到企业测评能力图,按照报告内容的 5 个分析模块进行总结评分。系统打分实行 10 分制,对于资本结构、经营效率、偿债能力、盈利能力等能力模块,系统主要对每个模块的关键指标进行历史、行业等多维度比较,基于贝叶斯算法进行评分;异常指标模块,主要结合机器学习模型、业务异常模型输出的概率值,以及企业负面舆情事件、企业关联风险等问题发生后的企业股价对应变化概率,进行评分。最后,结合几个模块分数,得出最终分数。分数越高,说明企业该模块比较好;分数越低,则说明存在问题,需要注意。通过该部分可以很直观地看到每一类别分析的总结以及评分。

4 研究成果与应用

本研究完成了上市公司异常分析流程与模型建立,并对外提供相关数据和服务。通过运用传统业务知识和机器学习等智能化与大数据技术,把计算、判断、分析等重复的、过去依靠经验和技巧才能完成的分析决策工作,固化到计算机软件之中,减轻企业财务人员、研究人员从事重复性的逻辑判断和指标数据分析的工作量,真正实现了高专业要求的财务分析和公司诊断工作的智能化,形成标准的数据采集处理流程,建立实时舆情与事件监控系统,提供企业异常预警服务。通过构建股票质押风险监测、股东减持风险、商誉减持监测、舆情风险监测等一系列监测应用,实现事前、事中、事后风险随时监测,做到风险早知道早预警。关联风险模型预警服务,依托于系统提取各类数据源实体与关系构建的企业核心图谱,实体上,覆盖了公司、产品、行业、概念、地域,甚至对资讯、研报、事件、指标也做了相应定义;关系上,以股权关系为主,还覆盖了产业链上下游。然后通过知识图谱的信息穿透等分析能力实现股权穿透、实控人识别,以及企业的高管、供应商、交易对手方、股东、投资公司之间的关联交易关系判断功能。

　　基于依托研究成果,本研究系统已在公司的投研分析和风险管理中使用,主要包括上市公司异常指标分析、企业分析指标管理维护、NLP 分析、情感分析、图谱分析以及企业完整分析报告生成。系统投入使用以来,财务异常模型已对新发布的万份报告进行分析,发现报告异常点近百个,其中涉及的企业有近十家被中国证监会确认造假;舆情事件模块每日处理近万份新闻公告,并实时提供关联与负面信息风险预警,有效支持了投研与风控工作。

　　以下为分析报告中的模块示例,图 17 为企业指标管理界面,在此可对不同企业的分析指标进行配置,做到个性化分析。图 18 为资本结构分析,主要分析企业的资产变化情况,可以清楚地看到近些年资本的变化情况以及每一项的占比。图 19 为异常指标分析,通过机器学习模型、异常模型分析公司可能"暴雷"的概率,以及一些关键事件的舆情图谱分析。图 20 为报告对企业实时舆情与事件的展示,图 21 为企业关联风险预警展示,图 22 为结论部分。

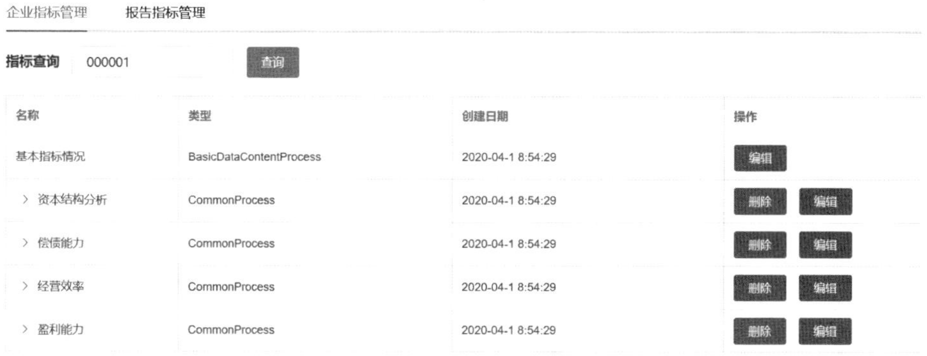

企业指标管理	报告指标管理			
指标查询　000001		查询		
名称	类型		创建日期	操作
基本指标情况	BasicDataContentProcess		2020-04-1 8:54:29	编辑
＞ 资本结构分析	CommonProcess		2020-04-1 8:54:29	删除　编辑
＞ 偿债能力	CommonProcess		2020-04-1 8:54:29	删除　编辑
＞ 经营效率	CommonProcess		2020-04-1 8:54:29	删除　编辑
＞ 盈利能力	CommonProcess		2020-04-1 8:54:29	删除　编辑

图 17　企业指标管理

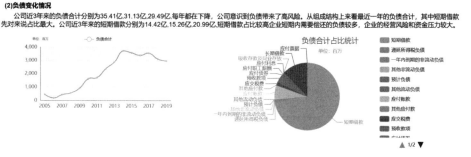

(2)负债变化情况
　　公司近3年来的负债合计分别为35.41亿,31.13亿,29.49亿,每年都在下降,公司意识到负债带来了高风险。从组成结构上来看最近一年的负债合计,其中短期借款先对来说占比最大。公司近3年来的短期借款分别为14.42亿,15.26亿,20.99亿,短期借款占比较高企业短期内需要偿还的负债较多,企业的经营风险和资金压力较大。

图 18　资本结构分析

6.异常指标分析

(1)机器学习模型分析

该部分将新兴的异常检测模型AutoEncoder深度学习模型与业界公认在分类工作中有较好表现传统机器学习分类模型xgboost模型结合，并基于历史所有年报数据进行特征工程与训练，形成一套针对公司财务的异常发现模型。根据模型分析，公司在2019年发布的年报数据异常概率为：86.0%，有异常情况需要关注。根据模型可解释性指标分析，可重点关注一下需要关注的指标有：扣除非经常性损益净利润是否大于0,审计报告对应的数据情况是否正常。

(2)业务规则分析

在2017、2018、2019年,营业收入值为32.06亿、27.98亿、27.29亿,应收账款值为4.37亿、3.65亿、3.11亿。应收账款近3年存在变化率大于营业收入,需要关注下公司收入是否存在虚增的情况。在2017、2018、2019年,货币资金数据分别为4.94亿、3.82亿、4.90亿,利息收入值为-207.38万、-124.24万。利息收入占比货币资金比例为-0.00420、-0.00325,存在有较大变动的情况,需进一步调查。对于最近一年，短期借款占比负债总计超过了20%，需要注意。根据异常模型分析，公司在2020中报发布的季报数据异常概率为：95.0。根据异常模型分析，公司在2019年发布的年报数据异常概率为：95.0。

图 19　异常指标分析

图 20　企业舆情事件预警(注：部分信息已作脱敏处理)

图 21　企业关联风险预警(注：部分信息已作脱敏处理)

第三部分 结论

综合以上分析情况,我们可以看到,从资本结构分析方面来看,公司在资本结构表现中规中矩,但是也需要注意,企业资产总额逐年下降。短期借款占比较高的问题,系统判断给予该部分分数为7分。从偿债能力方面来看,公司整体偿债能力有一定的不足,可以看到,短期偿债有一定压力的问题,系统判断给予该部分分数为4分。从经营效率方面来看,公司在经营效率表现可以接受,系统判断给予该部分分数为8分。从盈利能力方面来看,公司在盈利能力表现有一定竞争力,系统判断给予该部分分数为7分。从异常指标分析方面来看,公司整体异常指标有较大的问题,系统判断给予该部分分数为1分。总体上来看,公司运营评分分数为5分。

图 22　报告结论

5　研究经验与总结

本研究的成果表明,使用大数据、人工智能技术实现公司负面异常的识别是具有现实意义的。系统预警模型评分较高的具有舞弊风险的公司能够与业务人员关注的公司存在较好程度的吻合,有效支持研究人员对上市公司进行舞弊风险的筛选与预警。

参考文献

陶睿等:《深度学习和知识图谱在智能监管中的应用研究》,《金融纵横》2019 年第 8 期,第 56—66 页。

马旭辉:《基于机器学习的上市公司财务风险智能识别研究》,2019 年。

刘元、林爱梅、单雅迪:《我国上市公司财务报告舞弊的特征和手段——基于 2008—2013 年证监会处罚公告》,《财会月刊》2005 年第 28 期,第 16—19 页。

卢涛:《我国上市公司财务报告舞弊行为识别及其监管研究》,2013 年。

李秋蕾:《中国上市公司会计舞弊监管制度研》,2012 年。

李臣臣:《基于数据挖掘的上市公司财务舞弊的关联规则研究》,2011 年。

陈关亭:《我国上市公司财务报告舞弊因素的实证分析》,《审计研究》2007 年第 5 期,第 91—96 页。

黄世忠、黄京菁:《财务报表舞弊行为特征及预警信号综述》,《财会通讯》2004 年第 23 期,第 4—9 页。

张昕源:《基于数据挖掘技术的中国上市公司财务危机预警分析》,2004 年。

郑茂:《我国上市公司财务风险预警模型的构建及实证分析》,《金融论坛》2003 年第 10 期,第 38—42 页。

基于"人工智能(AI)+商业智能(BI)"构建证券公司智能风控系统

1 研究背景

防范系统性风险是资本市场永恒的主题。习近平总书记在党的十九大报告中明确提出要"健全金融监管体系,守住不发生系统性金融风险的底线",并将此列为未来三年的三大攻坚战之首。然而,在 2018 年,受中美贸易摩擦、"去杠杆"等多重因素影响,资本市场动荡不断:债券市场频频违约,股权质押接连爆仓,A股市值全年蒸发近 14 万亿元。证券公司作为资本市场的主要参与者,其在具体金融交易活动中的风险所带来的后果,往往超过对其自身的影响,甚至可能通过一系列链式反应对整个金融体系的稳健运行构成威胁。2018 年中国人民银行、中国银保监会、中国证监会联合发布了《关于完善系统重要性金融机构监管的指导意见》,明确了系统重要性金融机构的监管导向,要求建立、健全系统重要性金融机构的风险防范机制,防范风险的发生。而近年来,全球经济形势不确定性日益加剧,国内证券行业的风险复杂性伴随其规模与业务品种的增加呈现出逐年放大的趋势,尤其在金融开放与创新背景下,金融市场、金融机构、金融产品间相互渗透与影响,形成紧密的联动与融合,大大增加了风险防范的难度。

近年来,科技创新日新月异,推动金融市场、金融机构、金融业务、金融监管发生着深刻的变化,金融科技融合了金融和科技两方面的内容,正在加速迭代演进

---

* 本章由中泰证券股份有限公司胡开南、江原、肖晓超、王雯、孙婷婷,北京邮电大学许方敏、沈国鑫和上交所技术有限责任公司楼晓鸿、陈锡堂共同撰写。

风靡全球。大数据、互联网、云计算、人工智能、区块链等接踵而至,逐步从概念走向成熟,券商的科技赋能也将从探索阶段转向在中后台部门全面实施阶段,这会给传统风险职能带来挑战,迫使其正视现存的风险数据"孤岛"、风控时效性较低、流程繁琐、监控机械化等问题,传统的券商风控模式面临着巨大的危机与挑战。因此,借力金融科技实现风险信息的集中化、智能化管理,将成为整个行业在未来几年的重点创新研究方向和预期创新目标。

鉴于此,本研究旨在探索金融科技在券商风控智能化转型中的应用,基于人工智能(AI)与商业智能(BI)等前沿理论与方法,利用深度学习、大数据、知识图谱等多项目前主流的技术手段,融合公司内外部风险数据,深度挖掘潜在风险传导机制,智能识别隐匿风险源头,在此基础上构建科学合理、操作性强且符合券商业务发展实际的智能风险监测预警系统框架,有效提升公司风险管理水平。

2　深度学习和知识图谱概述

2.1　深度学习

"深度学习"的概念由 Hinton 等人于 2006 年提出,其前身为神经网络。2016年 DeepMind 公司所开发的 AlphaGo 击败围棋世界冠军李世石之后,深度学习这一概念逐渐被更多人认可。通过深度学习技术,可有效地处理机器翻译、语音识

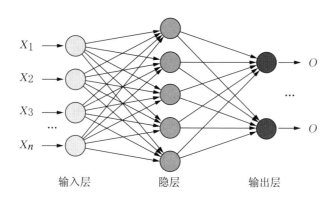

图 1　深度学习模型示例图

别、图像分类以及自然语言处理等机器学习的问题。深度学习的基本原理是通过神经网络结构进行低维到高维的映射,从而能够对数据的特征进行提取,最后能够得到数据的特征表示。典型的深度学习模型如图 1 所示。

深度学习本质上是构建含有多个隐含层的机器学习架构模型,通过大规模数据进行训练,得到大量更具代表性的特征信息,从而对样本进行分类和预测,提高分类和预测的精度。这个过程是通过深度学习模型的手段达到特征学习的目的。

2.2　知识图谱

"知识图谱(knowledge graph)"的概念由谷歌(Google)公司在 2012 年提出,是其用于提升搜索引擎性能的知识库。知识图谱的出现是人工智能对知识的需求所带来的必然结果,但其发展又得益于很多其他的研究领域,涉及专家系统、语言学、语义网、数据库,以及信息抽取等众多领域,是交叉融合的产物,而非简单的一脉相承。

知识图谱本质上是语义网络,是一种基于图的数据结构,由节点和边组成。在知识图谱里,每个节点表示现实世界中存在的"实体",每条边为实体与实体之间的"关系"。知识图谱是关系最有效的表示方式。它就是把所有不同类型的信息连接在一起而得到的一个关系网络,提供了从"关系"的角度去分析问题的能力。知识图谱的体系架构是指其构建模式的结构,如图 2 所示。

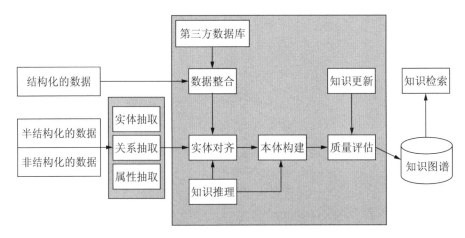

图 2　知识图谱构建体系示例图

　　金融风险的复杂性与多样化使风险监管的知识图谱建设迫在眉睫。知识图谱作为金融科技领域语义理解和知识搜索的基础技术，为金融科技服务实体经济提供了深度技术、金融领域知识的提取和融合，以及进行分析、推断和决策的依据，能促进金融科技信息技术与开放知识领域的融合，并可以为金融行业的风险评估、预测、反欺诈、精准营销、智能搜索等提供技术支撑。因此，越来越多的金融机构及企业在探索和构建金融领域知识图谱，为金融领域应用决策提供更加精准可靠的依据。

3　系统设计框架

　　本研究基于人工智能、知识图谱、自然语言处理、商业智能等前沿理论与方法，对证券公司的自营持仓主体和交易对手主体等进行画像，融合公司内部业务风险敞口及外部风险信息数据，利用人工智能风险分析引擎，输出与公司相关的主体风险信息、证券公司风险信息，以提高证券公司的风险管理水平。

　　本研究的整体框架如图 3 所示。该框架实现过程中主要包括四个层面（从下至上）：

　　（1）第一层为数据获取层，主要功能为获取企业内、外部数据信息，包括证券公司持仓及敞口信息、发债主体、关联方、交易对手主体信息、新闻事件信息。数据来源主要包括外部资讯数据（Wind、大智慧）以及实时监测重点新闻发布网站发布的最新头条新闻。

　　（2）第二层为数据处理层。该层的主要功能为对获取到的数据信息做处理。对企业信息筛选整理，提取其中有效的属性结构化信息作为企业知识图谱创建的数据来源。对于新闻事件数据信息及时地存储及分发。存储到大数据集群系统中可以持久化数据信息，快速的数据分发能力可以极大地提高对于新闻事件的实时监控能力。

　　（3）第三层为数据应用层，主要功能分为对企业数据信息构建完整的企业知识图谱及企业关联图谱，并根据新闻信息对企业风险进行预判和量化。自然语言处理（natural language processing，NLP）技术可以有效地提取新闻中关联到的企业、行业等信息,利用这些信息,可以通过知识图谱的搜索推理功能关联到更多的企业主体。强大的深度学习技术可以很好地判别新闻舆情的类型及等级,更好地辅助用户,提高对企业风险的分析和监测能力。

(4)第四层为功能展示层。功能展示层可以将企业的主体知识图谱及关联图谱形象化地展示在网页上,让用户清楚地了解企业的内外部信息及当日风险严重程度。新闻舆情展示界面可以将每一条新闻舆情事件展示给用户,让用户可以时刻了解所关注企业的舆情情况。

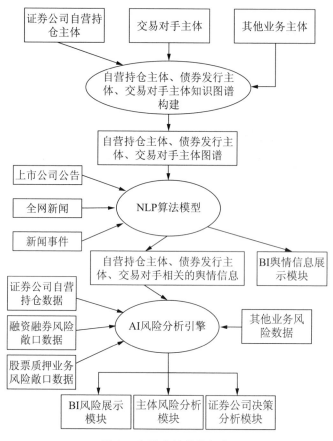

图3　本研究的整体框架

3.1　知识图谱构建

在公司主体知识图谱的构建过程中,第一步爬虫所获取的上市公司的信息来源较为复杂,多数是半结构化、非结构化的文本信息,如自营持仓主体的基本属性,包括公司介绍、高管、集团、股东、债务、行业、上游、下游、概念、主营业务等属性。而最重要的是后三步,即知识单元的抽取、知识单元间关系的识别以及知识图谱的绘制:首先将原始数据按照 BMEO 规则进行标注,使用 python 将标注好的数据处理成字标注的形式,将每一个字和标注转换成 ID 的形式,供模型训练使用,并使用 pytorch 框架通过命名实体识别,将得到的数字 ID 根据之前的对应关系转换回汉字,稍做处理就可以获得文本中的实体;然后通过定义实体之间的关系,将该段文本转化为词向量表示,计算句子中每个词与两个实体在句子中的距离,把距离转换成距离向量,与词向量合并,输入 pytorch 模型进行训练;最后就可以得到关于上市公司知识图谱的三元组结果,存入 Neo4j 图数据库中,就得到了上市公司主体知识图谱。知识图谱构建框架如图 4 所示。

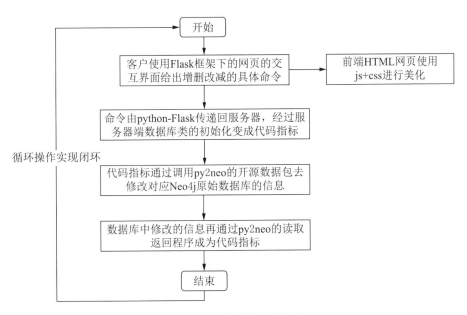

图 4　知识图谱构建框架图

我们使用 Flask 框架把以上提到的功能在服务器上进行部署,方便所有公网上的用户访问服务器对应端口对于网站进行访问从而完成对应的操作。这样一来,用户利用访问服务器对应的端口,通过 Flask 框架与服务器进行交互,Flask 引出的 HTML 网页在 POST 的条件下，从前端界面中得到对应的信息反馈给服务器，服务器运行 python 脚本对 Neo4j 数据库中的数据进行增删改查，然后用可视化的方法再回馈给用户，整体上实现了一个闭环操作，我们将 Neo4j 这样一个强大的数据库平台构造企业知识图谱储存信息作为后台，使得交互又方便，可靠性又强。

3.2　新闻处理框架

新闻数据处理系统功能实现如图 5 所示，主要分为四个部分：

（1）实时新闻获取系统：此系统通过获取外界新闻并对新闻信息进行存储、分发、筛选，提取其中有效的新闻分到下一系统中进行 NLP 分析处理。

（2）NLP 处理阶段通过预先给出的数据新闻以及专家提供的风险类型标签，利用 BERT 深度神经网络训练得出判别模型；NLP 处理阶段作为核心技术对于新闻中出现的相关企业、证券、股票或行业采用关键词向量匹配算法进行提取。

（3）存储系统将处理结果以信息流的方式存储到 Hadoop 数据系统中，等待下一步结果信息提取。

（4）舆情信息发布系统将信息发布到网页端，在网页端工作的业务人员可以第一时间了解到风险舆情并作出相应的处理。

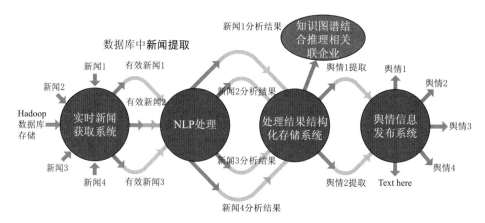

图 5　新闻处理框架图

3.3　Flask Web 框架构建及实现

Flask 是一个轻量级的基于 python 的 Web 框架。它建立于一系列的开源软件包之上，这其中最主要的是 WSGI 应用开发库 Werkzeug 和模板引擎 Jinja。Flask 是一个 WSGI 应用框架，在进行 Flask 开发时，不需要关注网络方面的操作，Flask 应用的入口是封装过的网络请求包，出口是网络响应，在使用 Flask 框架时仅需要关注这个阶段内的处理逻辑。本研究在网页展示方面采用了 Flask 框架设计搭建网页。

3.4　深度学习算法框架及实现

深度学习算法的结构通常非常复杂，包含上百兆的可训练参数。比如，2016年由何恺明等人提出的 ResNet 网络，最大的一种模型包含了上千层。深度学习算法的复杂网络结构是由有限的基本算子通过各种复杂连接关系搭建起来的，常用的算子包括卷积、池化、全连接等。因此，可以提取出机器学习算法中共性的部分，将其抽象出来，便于反复调用。

3.4.1　基于数据流图的搭建框架

基于数据流图（data flow graph）的机器学习编程框架利用节点（node）和边（edge）构造的有向图来描述计算过程。节点可以表示一个运算操作，或者表示一块数据的输入起点或者输出终点，边则表示节点之间的输入/输出关系。数据被表示为多维数组（张量）的形式，可以在这些边上进行传输。通过一个节点时，数据就会作为该节点运算操作的输入被计算，计算的结果则顺着该节点的输出边流向后面的节点。一旦输入端的所有数据准备好，节点将被分配到各种计算设备，完成异步并行的执行运算。

3.4.2　基于层的搭建框架

基于层的编程框架为用户提供一组表示各种层（如卷积层、池化层、全连接层等）的函数作为接口。用户通过反复调用这些层的函数接口构成网络。通过将计算单位限制到层上，库的开发者们可以对各种层进行充分的性能优化，因此可以提供更好的运行效率。Caffe 是一种常用的卷积神经网络框架，它采用层的调用方式,用一个 prototxt 文件对每一个层进行定义和配置,之后程序分析这个文件,获得这个网络结构的信息。

3.4.3 基于算法的搭建框架

基于算法的编程库提供了大量的机器学习算法,涵盖各种任务和算法。和前两种框架不同,基于算法的编程库不需要构建复杂的网络结构,只需要通过设置库里面提供算法函数接口中的参数即可完成任务。如 Sklearn 机器学习库,它是一种基于 python 语言的机器学习库,提供了数据分析和数据挖掘中针对各种任务(包括分类、聚类、数据降维、模型选择、预处理等)的算法,提供了各种不同类别(如 k-NN、k-means)决策树(如 C4.5、ID3 等)的算法接口,开发者只需要设置接口中的参数,并且将数据传入,就可以得到训练和预测的结果。

3.4.4 Google BERT 框架

BERT 的全称是"bidirectional encoder representation from transformers",即双向 transformer 的 encoder。该模型的主要创新点都在前学习(pre-train)方法上,即用了 Masked LM 和 Next Sentence Prediction 两种方法分别捕捉词语和句子级别的表现。

针对不同的任务,模型能够在一个标记序列中明确地表示单个文本句子或一对文本句子(如[问题,答案])。对于每一个标记,其输入表示通过其对应的标记表征(token embedding)、段表征(segment embedding)和位置表征(position embedding)相加产生。图 6 是输入表示的直观表示。

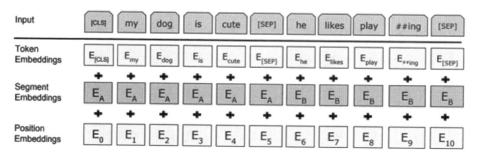

图 6   BERT 模型的输入表示

具体实现细节有以下几个部分：

（1）使用了词向量，含有 30 000 个标记，并且使用"♯♯"来拆分词片段。

（2）使用了位置表征，长达 512 位，即句子的最大长度。

（3）每句话的第一个标记总是[CLS]。对应它的最终的隐藏状态（即 transformer 的输出）用来表征整个句子，可以用于下游的分类任务。

（4）模型能够处理句子对。为区别两个句子，用一个特殊标记[SEP]隔开它们。另外，针对不同的句子，把学习到的段表征加到每个标记的表征上。

（5）对于单个句子仅使用一个段表征。

3.5　业务主体综合评价体系

舆情信息对于证券公司自营业务和投行业务的意义非常重大，而技术只有为业务服务才能发挥最大的作用。以公司投行项目风险监测为例，首先由业务专家根据公司风险偏好及业务类型筛选风险舆情关键字（包含财务、非财务指标），穷尽列举可能出现风险的关键字；采用深度学习算法，基于全量数据的考量，判断高频关键字对投行项目主体风险状况的贡献度，以此确定、设置关键字权重以及初始权重的基础分值；通过对风险事件进行分析处理获取投行项目主体风险状况的高频关键字，根据已设置的关键字权重，综合考虑项目主体的风险状况后，对项目主体监测当日风险状况作出分析、评判。

本研究设置了数十个舆情监测指标，并采用专家评判对关键词进行了初步的权重判断，并组成具有丰富投行承做、审核经验的 10 人以上专家团队，以投行项目主体持续经营能力、偿债能力等影响的大小为基准，通过专家打分的方式，对 30 个指标的权重进行充分考量，以 10 分为一档，综合计算出各项指标权重。当抓取数据涉及项目主体的多项关键词时，按权重综合评价、显示当日舆情风险等级，并将根据全量数据，进一步验证舆情监测指标权重，使其更加科学并具有可操作性。部分关键词及权重如表 1 所示。

本研究采用知识图谱结合深度学习来对舆情作预警判断。根据分析所得结果判断相关企业或行业并得出风险类型；在知识图谱中以所获的企业或行业进行扩展推理，得到与之关联的其他上下游企业风险传导信息，如图 7 所示。

表1　部分关键词及权重列表

关键词类型	序号	关键词	初步权重（%）
经营类（序号1—8）	1	商誉减值较大	60
	2	经营性现金流为负	60
	3	连续/持续亏损	90
	4	营业利润大幅下滑/大幅下降	60
	5	营业利润为负	80
	6	利润总额为负	70
	7	净利润为负	70
	8	对外担保大幅增长	30
信用风险、法律风险市场风险、管理风险等类（序号9—28）	9	违约	100
	10	重大不利变化	70
	11	被执行人	50
	12	资产冻结/查封/扣押	50
	13	担保代偿	50
	14	高管离职/财务总监离职	30
	15	管理层不稳定	40
	16	触发交叉保护条款	70
	17	经营困境	50
	18	合同纠纷	30
	19	高管失联/无法履行职责/被采取强制措施	70
	20	被采取自律监管措施/行政监管措施/行政处罚	80
	21	被自律或监管部门调查	70
	22	虚假记载/误导性陈述/重大遗漏/财务造假	100
	23	重大诉讼	40
	24	问询函	20
	25	股价异常波动	20
	26	破产或重整	70
	27	债务逾期	100
	28	偿债压力较大	50

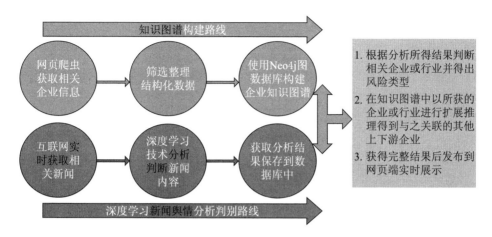

图 7　企业风险信息监测分析框架图

4　部分系统功能展示

4.1　新闻舆情分析处理及展示

4.1.1　新闻及舆情信息滚动展示

如图 8 所示,新闻标题滚动页面综合显示系统所获取的新闻,并实时更新,在

图 8　新闻及舆情信息展示界面

新闻获取系统获取了新的有效新闻后会动态地插入成为新闻列表的首条。此页面列表展示的主要有新闻标题、新闻发生的日期和时间、通过 BERT 深度学习预测的对应新闻的风险类型、通过关键词匹配识别得到的相关企业主体以及当前风险所对应的风险等级。

滚动新闻展示的上方有多个可供选择的下拉框及输入框。通过下拉框及输入框选择的值可以对新闻列表进行筛选，找到所关注的新闻。可供选择的内容有日期选择范围、公司企业主体、风险类型以及风险等级。最后一列的详情按钮可小窗弹出完整的新闻内容。

4.1.2　单个企业主体新闻舆情展示

如图 9 所示，单个企业主体界面是在全部企业新闻信息滚动显示界面的基础之上，提取其中所关注的当前企业的有关新闻进行展示。另外，系统针对单个企业给出了更多的分析结果及指标。

页面底部是类似于全部企业新闻信息滚动展示界面的新闻滚动显示，区别在于取消了相关联企业的显示及筛选选择。在上方依次展示的是企业当天当前时刻所累积的舆情综合值数值，企业当天发生的不同风险类型时间的数量统计雷达图显示，以及企业当月每天三种不同的舆情值柱状图显示。

图 9　单个企业主体舆情展示页面

4.2 知识图谱构建展示

4.2.1 单个企业信息展示

在企业信息展示页面,在搜索框中输入某企业名称,会在当前页面得到该公司主体的知识图谱,如图 10 所示,包括"山东金茂纺织化工集团有限公司"的公司主体、公司属性(如董监高法、股东、对外投资、证券产品、主营业务、所属行业、关联机构等)以及其属性内容(如徐敏、化工、西王集团等)。

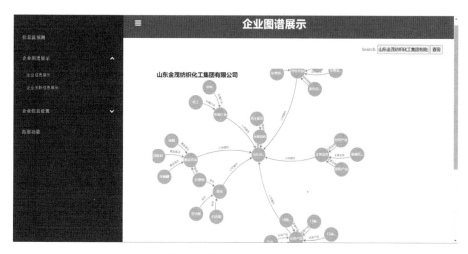

图 10　单个企业信息展示

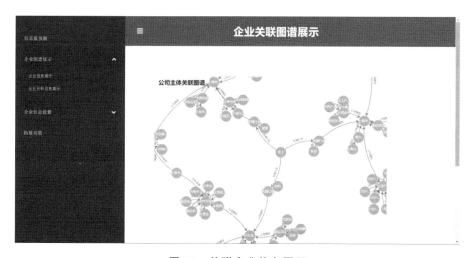

图 11　关联企业信息展示

4.2.2　关联企业信息展示

在企业关联信息展示页面，可以得到不同公司主体相互关联的整体知识图谱。如图 11 所示，不同公司主体"山东金茂纺织化工集团有限公司""上海华信国际集团有限公司"以及"上海华谊（集团）公司"共同属于化工行业，且华信和金茂都投资了"上海华投资产管理合伙企业"这个公司。

4.3　知识图谱节点增、删、改应用及展示

在运用 Excel 表格对企业公司各类别数据进行导入后，如果我们需要对知识图谱的每个节点进行一些主观、细小的调整，就需要引入增删改查功能对 Neo4j 数据库中的内容进行即时修改。这里我们使用 python 脚本加上 Flask 框架控制数据库进行相应的修改。我们选择调用 py2neo 的 python 库联动 Neo4j 进行间接控制，而没有选择使用 python 脚本书写 Cypher 语言对库进行直接操作。这样整个代码会有更好的封装性和交互性。

4.3.1　增加节点

增加节点这个功能根据实际的要求划分出了两个不同的板块，分别是增加二级职位节点以及增加三级姓名节点。py2neo.matching 模块提供了根据某些条件匹配节点和关系的功能。对于每种实体类型，py2neo 库提供了 Matcher 类和 Match 类。Matcher 可用于执行基本选择，返回可以评估或进一步完善 Match。NodeMatcher 可用于查找满足一组特定条件的节点。通常，可以通过特定标签和属性键值对来标识单个节点。与此同时，数据库允许任何数量的标签和 Cypher WHERE 子句支持的任何条件。运用 graph.create() 的方式创建新二级节点并建立关系。图 12 为系统增加节点展示图。

4.3.2　删除节点

删除节点功能主要是用于三级姓名节点的删除，具体实现方法是调用 py2neo 库先匹配用户需要删除的节点，再调用 graph.delete() 进行删除。由于调用 py2neo 的 graph 类进行删除操作的时候，节点删除会一并删除所有该节点建立的关系，因此我们在目前知识图谱的背景应用下，不需要对关系进行独立的删除操作。当然，日后用户如果想要增加知识图谱中关系部分的新应用，也可以很方便地实现。图 13 为系统删除节点展示图。

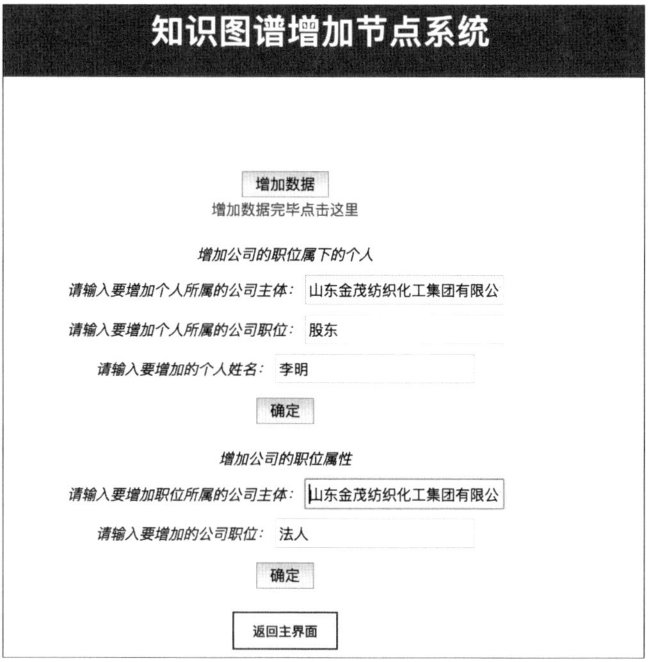

图 12　系统增加节点展示图

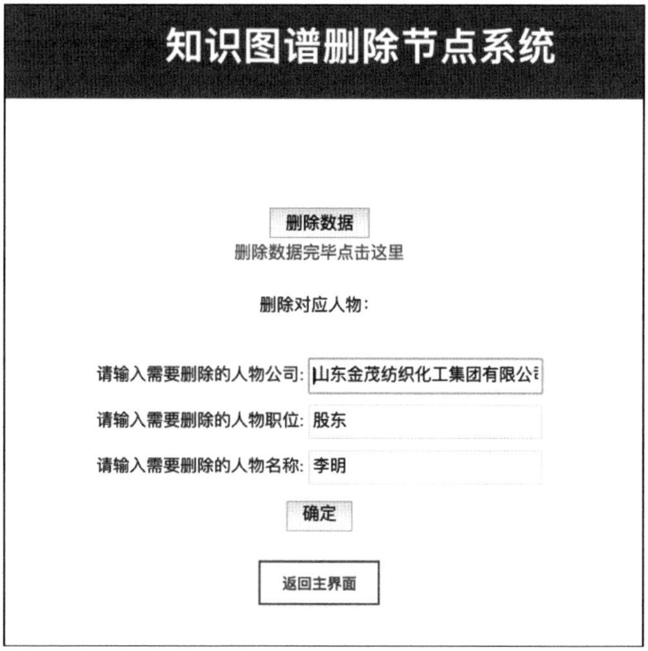

图 13　系统删除节点展示图

4.3.3　修改节点

修改节点功能主要是对知识图谱中的特定节点内容进行修改,适用于公司主体节点属性内容进行变更的局部操作。图 14 为系统修改节点内容展示图。

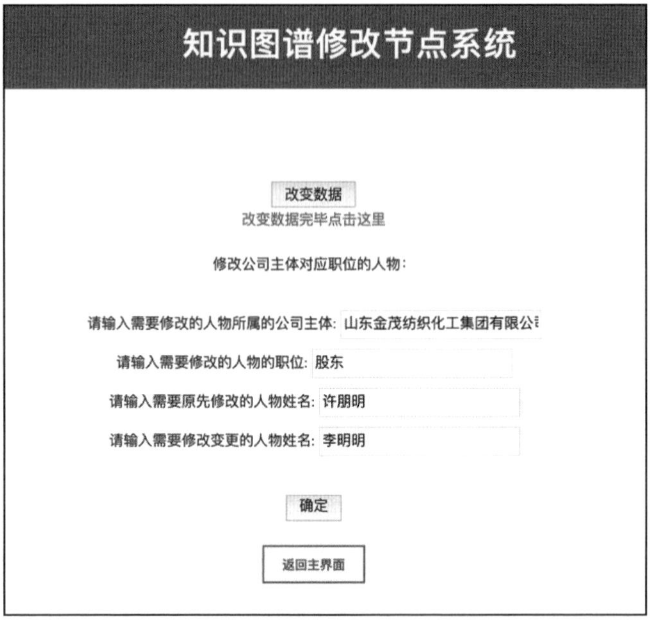

图 14　系统修改节点内容展示图

5　总结和展望

本研究设计并开发了利用深度学习、自然语言处理、知识图谱结合 BI 展示工具,对系统重要性证券公司风险状况监测预警的软件框架。通过该框架,我们可构建系统重要性证券公司的风险监测预警体系及系统。

在整个项目的系统模型下,对于企业的风险评估部分,大量信息来源,即所谓深度学习中的训练集,并不是一些容易量化或者可以直接衡量的数据量,更多的信息来源于文本。因此,引入自然语言处理来提取我们需要的有用信息,并参与最终的风险评估的实践,是本系统中至关重要的一环。

除此之外,信息的直观化显示以及小范围的用户交互改动也提升了整个系统的容错率,从而克服了一些死板的预警机制带来的错误。知识图谱技术对企业信息有很好的检索、增删改功能,这也使得在风险预警的架构上,用户能够拥有一个更加直观的理解和判断。

但是在研究过程中,有以下两点关于金融科技应用于证券公司的思考:

(1)训练样本数据和校验样本数据的可得性、全面性、准确性对风险监测的结果同样直观重要。证券公司自己积累的内部信用数据毕竟不足,行业内的信用数据共享不够,行业外的信用数据联通不够,当前大数据信用风险评估应用是否够"大"、够有效还需进一步验证。因此,发展大数据风控不仅需要证券公司自己的努力,还需要行业、政府推动共性数据的共享。

(2)业务场景与技术的深度融合,是证券公司实施金融科技的重要关注点。没有业务场景,就没有技术需求;没有技术,业务场景则无法落地。如何利用金融科技实现公司的内部管理和风险管理的提升,切实解决业务场景的痛点、难点,节约人力成本,提高管理效能,是金融科技实施和落地的关键所在。

参考文献

方兴起:《防范系统性金融风险是金融监管的永恒主题》,《福建论坛(人文社会科学版)》2018 年第 1 期,第 12—18 页。

张珍:《论系统重要性金融机构的监管》,2014 年。

张天顶、张宇:《宏观审慎监管、系统性金融风险及国内外金融监管实践及启示》,《证券市场导报》2018 年第 4 期,第 61—68 页。

肖博达、周国富:《人工智能技术发展及应用综述》,《福建电脑》2018 年第 1 期,第 98—99 页、第 103 页。

王菲斐:《深度学习研究现状分析》,《电子技术与软件工程》2018 年第 10 期,第 152—153 页。

朱木易洁、鲍秉坤、徐常胜:《知识图谱发展与构建的研究进展》,《南京信息工程大学学报(自然科学版)》2017 年第 6 期,第 575—582 页。

Aher, S. B. and L. Lobo, 2013, "Combination of machine learning algorithms for recommendation of courses in E-Learning System based on historical data", *Knowledge-Based Systems*, 51: 1—14.

Bordes, A., N. Usunier, A. Garcia-Duran, J. Weston and O. Yakhnenko, 2013, "Translating embeddings for modeling multi-relational data", *In Advances in Neural Information Processing Systems*, 2787—2795.

Chen, Yubo, et al., 2015b, "Event extraction via dynamic multi-pooling convolutional neural networks", *In Proceedings of ACL 2015*.

De Abreu, D., et al., 2003, "Choosing between graph databases and rdf engines for consuming and mining linked data", *COLD*.

Dong, Chuanhai, et al., 2016, "Character-based lstm-crf with radical-level features for chinese named entity recognition".

Feng, Xiaocheng, et al., 2016, "A languageindependent neural network for event detection", *In Proceedings of ACL 2016*.

Hinton, G. E. and R. R. Salakhutdinov, 2006, "Reducing the dimensionality of data with neural networks", *Science*, 313: 504—507.

Jenatton, R., N. L. Roux, A. Bordes and G. R. Obozinski, 2012, "A latent factor model for highly multi-relational data", *In Advances in Neural Information Processing Systems*, 3167—3175.

Lin, Hongyu, Yaojie Lu, Xianpei Han and Le Sun, 2018, "Nugget proposal networks for chinese event detection".

Singhal, A., 2012, "Introducing the knowledgegraph: things, not strings", *Official google blog*.

Socher, R., D. Chen, C. D. Manning and A. Ng, 2013, "Reasoning with neural tensor networks for knowledge base completion", *In Advances in Neural Information Processing Systems*, 926—934.

Xu, Zenglin, Yongpan Sheng, Lirong He and Yafang Wang, 2016, "Review on knowledge graph techniques", *Journal of University of Electronic Science and Technology of China*, 45(4): 589—606.

Zhou, Peng, et al., 2016, "Attention-based bidirectional long short-term memory networks for relation classification".

金融文档分析平台[*]

1 概述

1.1 研究背景

金融证券行业的知识汇聚特性,使得业务处理过程中会产生海量的业务文档(上市公司信披公告、财务报表、研究报告等),由于不同的业务阶段以及不同的业务规范要求,形成的文档格式和文档版本也不尽相同。当前的金融信息数据分析(比如信披文档的合规审核)业务,普遍采用人工"键盘输入"的方式从富格式文档(PDF 文档为主)的各类元素中寻找、手动拷贝特定信息到数据库中,再结合相应的业务经验进行分析,使之转化为知识,进而帮助从业人员、监管机构以及客户等作出相应的决策。

在信息和数据高速膨胀的背景下,文档的复杂性、不规范性、主观性、内容不确定性在业务处理过程中给每个金融证券从业者带来了巨大困难。各类业务文档由大量的文字段落、不同排版的表格等元素组成,而关键数据、需要的关键信息点分散在这些文字段落和表格中,比如,监管机构在审核拟上市公司的招股说明书时,面对的文档动辄几百页,相关财务数据会分散在段落和表格的不同地方、且多次出现,需要动用大量人力来识别其中的财务数据等信息,并核对判断其勾稽关系是否正确一致、真实有效等,这个过程会耗费大量人力,同时结果的"精度"和"广度"仍然难以保证。金融证券产业在各种文档处理和数据内容分析场景下,普

※ 本章由北京庖丁科技有限公司常攀红、杜光亭、高鹏、李宏伟、李国祥、商文墨、王旭、徐楠和上交所技术有限责任公司唐忆、褚丽恒共同撰写。

遍面临着"准确性、时效性、全面性"的挑战,迫切需要一种更为高效的文档分析和信息处理方式。

1.2　目标描述

近些年来,随着人工智能等技术的发展,金融科技给金融行业带来深刻变革,金融证券行业需要智能化的发展已在业内达成共识。利用人工智能等技术,通过计算机来深度挖掘金融文档的潜在价值,构建金融文档的自动化分析机制,将非结构化业务文档转化为结构化知识体系,进一步发挥金融文档的效能、提升证券行业中后台员工在处理浩瀚文档资料时的工作效率,已成为各金融机构内部的重要研究课题。

本研究以提供"全自动的金融文档分析服务"为目标。它旨在通过研究和利用文档结构内容识别、自然语言理解等人工智能技术对金融文档进行信息抽取、智能复核分析,生成结构化知识以辅助识别和规避风险,提高业务人员的工作效率,确保信息披露文档的质量和合规性。

1.3　研究内容

考虑到金融文档中的有效关键信息散落在文字段落和数据表格中,本研究针对金融文档分析,拟从如下方面开展研究工作:

- 文档结构及内容识别、复杂排版表格的信息提取;研究对象为各类金融文档。
- 特定文档的合规性分析方法,如财务数据勾稽一致性分析、错别字审核;研究对象为特定文档——招股说明书。

  注意,招股说明书的格式是所有信披文档中最为复杂的,充斥着大量的文本段落和表格数据,发行人的财务数据等有效信息分散在文中各个位置,且相应的数据具备一定的关联性。另一方面,招股说明书中内容的客观性对于投资者来说意义重大,监管机构和市场普遍要求其披露内容做到真实客观。综合文档复杂度和市场需求,对其进行分析研究具有重大意义。

- 对不同版本的文档进行信息识别提取、有效比对分析;研究对象为各类金融文档。

在目标宗旨和内容约束条件下,研究成果体现在具体应用方面,落实为构建一套智能化的金融文档分析平台。其主要应用模块包括:

(1)金融文档信息提取应用:自动识别各类文档的结构,并进行内部表格提取。

(2)金融文档智能复核应用:智能化地对招股说明书内有效信息进行抽取,并进行分析,实现合规检查。

(3)金融文档版本比对应用:支持不同版本文档的内容差异分析。

1.4　研究资源投入

(1)技术方面投入:工程应用系统开发、AI技术研究。

上交所技术有限责任公司与北京庖丁科技有限公司为此项目专门成立了课题项目组,从不同角度开展针对性研发。AI模型研究实现工作由北京庖丁科技有限公司的首席科学家罗平教授领导,进行各 AI 模型的构建选型,以及模型训练、优化。工程性工作由投入系统开发人员,将各模型进行有机的组合,辅以输入输出模块,构建完整的系统,并在研究期间多次对平台模块应用进行版本迭代优化。

(2)业务方面投入。

金融行业是一个知识密集型行业,文档普遍呈现出一定的金融会计知识专业性,信息识别和分析离不开金融词库、相关专业知识的辅助支持。北京庖丁科技有限公司专门为本研究成立了超过 10 人的金融支持团队,团队成员结合需求背景和自身专业知识,能够在系统相关功能设计、系统功能评测方面提供支持。

1.5　主要研究成果

面对海量金融业务文档,本研究确定了金融文档分析的技术框架,基于文档结构识别、文档语义理解等人工智能技术引擎,最终构建了一个金融文档分析平台。该平台可智能化地提取和校验文档的具体信息内容,输出满足"真实性、准确性、一致性、充分性、可理解性"要求的可利用核心知识。平台架构如图1所示。

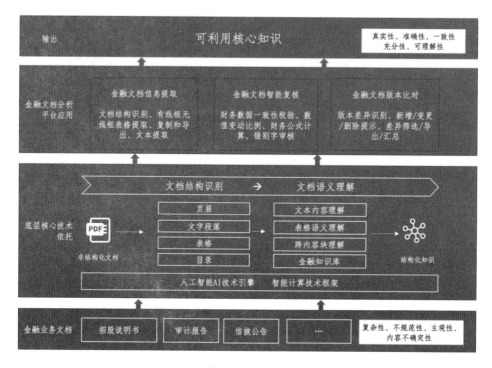

图 1　平台架构

1.5.1　金融文档信息提取应用

金融文档分析平台能够从各类 pdf 格式的金融文档中,有效识别其版面结构,抽取蕴含在中间的各项信息,尤其是内含的所有表格(有线框显式表格、复杂排版无线框隐式表格),并可复制与下载提取结果,能提高业务处理、文档信息利用的效率。

其主要核心功能在于:支持各类 pdf 金融文档中版式元素(段落、有线框表格、复杂版式的无线框表格)的识别和还原;支持跨页表格的识别和合并;支持提取结果并导出。

其核心亮点在于:(1)分析速度快,深度解析表格内容;(2)全面覆盖各类型金融文档;(3)单栏、多栏不同版式文档表格识别;(4)有线框、无线框精准识别,单元格合并等内容原样输出;(5)多样化结果保存、复制和导出。示例效果如图 2 所示。

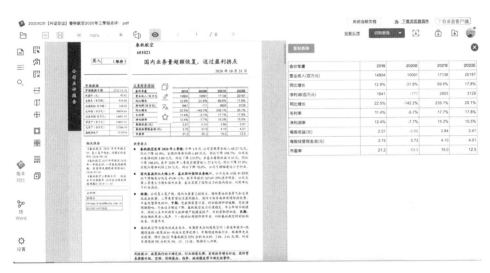

图 2　示例效果(信息提取)

1.5.2　金融文档智能复核应用

平台利用深度学习和自然语言处理等人工智能技术,自动检验金融文档(此处为招股说明书)中的财务勾稽关系等错误,将审核结果以可视化界面展示给审核者,并生成带有批注的文档,以提升文档撰写质量和审核效率。

其主要核心功能在于:一是自动提取招股说明书中的财务勾稽关系,如各类财务指标和数值、数值变动和比例、财务指标公式等。二是反馈各类数据之间的关联关系,以呈现披露内容的财务数据描述准确性、客观性。三是支持上下文一致性、表内计算关系和错别字审查。

其核心亮点在于:

(1)多元化:支持多种文档类型(如科创板招股说明书、主板招股说明书)自动校验。

(2)自动化:自动提取文档内的具体信息,自动校验其客观真实性、披露完备性。

（3）精细化：不放过各种细小的数据关联，交叉复核相关的支持性文件和关联数据项。

（4）全面化：各类财务数据全面覆盖（指标数值、增速比例、公式计算等）。

（5）直观化：直接呈现审核结果、关联信息同步定位溯源，客观反映真实情况。

（6）效率化：快速分析文档内容，形成检测结果。

示例效果如图 3 所示。

图 3　示例效果（智能复核）

1.5.3　金融文档版本比对应用

平台支持对不同版本、不同格式的文档(如招股书、信披公告)进行比对,智能化复核文档差异,以可视化形式反馈文档之间的差异。这有助于业务人员快速直观地查阅、对比和审核资料的具体变动。

其主要核心功能在于:一是准确无误地标记不同版本的差异,找出所有不同,包括文本段落、表格、表格单元格等内容的增加、删改、变动,且无遗漏。二是能够

图 4　示例效果(版本比对)

按章节或类型筛选比对结果。三是支持导出差异信息和各章节、类型汇总结果。

其核心亮点在于：

（1）支持不同版本的 doc、docx、pdf 文档交叉比对。

（2）各类型细微差异变动的全面识别。

（3）比对结果界面可一键定位到具体位置，直观可见。

（4）按类型或章节进行筛选，以不同方式查看内容，更有目的性。

（5）生成详细变动数量统计，全面了解文档更改情况。

示例效果如图 4 所示。

2　关键技术方案

2.1　整体技术路线

通过研究，我们确定了金融文档分析的技术框架，采用逐步解决问题的思路进行（图 5）。首先，要求具备 pdf 解析能力，对不同形式的 pdf 进行处理，进行 pdf 结构和文本还原；然后，通过强大的人工智能技术引擎，提取有效信息；最后，在有效信息的基础上，进行进一步的信息审核分析工作。

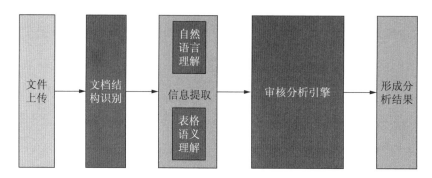

图 5　整体技术路线

2.2　认知 pdf 底层存储

电子文档领域，pdf（portable document format，意为"便携式文档格式"），由于其输出一致性，它在信息承载与传阅方面的应用最为广泛。并且，它在精准的视觉呈现和系统稳定性方面也令人称道，无论是传输、显示，还是打印，pdf 都体现了无可比拟的便捷、稳定和精确。

打开一份 pdf 文件，通过右下角的缩小放大键进行缩放，我们会发现文档的清晰程度基本没有受到影响——每个字符的像素会因为放大而增加。只需要简单类比一下会因为放大而失真的图片，我们就会发现其神奇与优越性。深入 pdf 的文本数据储存方式，我们会发现：尽管打开 pdf 文档后视觉上看到的是许多字符，但实际上 pdf 底层文件储存的是字体内容和一组在页面上"打印"字形的指令。

如图 6 中，文档左边就是我们看到的文档的视觉化效果，而右边是这个 pdf 文档的底层代码。这些代码表达的意思是：在 (503,688) 这个位置，用黑色和 8.5 号的字体去打印一个 t……。也就是说，pdf 文档记录的是每个页面上的字符、线条等对象的位置、颜色、字号等信息，没有其他任何的衍生信息。当我们打开文档时，程序会依据文件内的指令将这些计算机语言"翻译"成视觉的文档内容。而对文档进行视觉放大时，由于每个字形（glyph，即一组描述如何画出一个符号或一个字符的指令）是矢量图，文件会进行部分重编译，清晰度自然就不会受到影响。

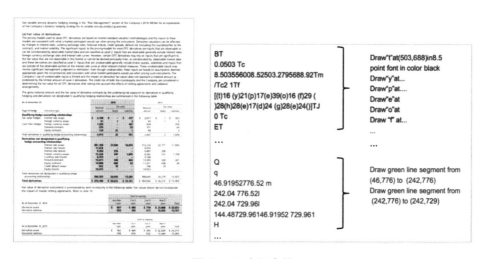

图 6　pdf 底层存储

总结起来,pdf 文档存储的是文档的视觉内容,这样才能精确地保证同一份文档在不同平台和系统上的视觉呈现是完全一致的。文档仅存储以字形为对象的视觉内容,并没有存储关于段落、表格的文档结构信息。

那么,有什么办法让 pdf 文档变得机器可阅读呢? 并且,如何进而使得 pdf 文档具备可处理、可利用、可响应性等特性,以支撑后续的文档智能分析呢?

在回答这些问题之前,我们首先剖析一下人类阅读能力的三个层次:

(1) 识字的能力:人类能识别出文档中的每个单字,这是一切阅读的基础。

(2) 识别文档结构的能力:对于呈现在眼前的一个排版好的文档页面,人类能识别出其中的段落、表格、图片等内容块,并能确定这些内容块的阅读顺序。这是比识字高一个级别的阅读能力。

(3) 语义理解能力:有了识字和文档结构识别的能力,才能逐字逐句阅读,理解其中的语义。

同样地,让机器具备阅读能力,也得从这三个层次逐渐培养:

(1) 机器识字:如果 PDF 文档中,字形对应的码位(codepoint)使用的是标准编码(如 unicode),这样的文档被称作天然的数字文档(digital-born documents),则无须进行机器识字。但如果文档中存储的是文档影像,则我们需要利用光学字符识别(optical character recognition)技术,进行机器识字。这个过程是将文档影像图片转化数字文档的过程。

(2) 机器文档结构识别:对于一个页面,我们可以利用深度学习的方法,识别出其中的版面结构、文本段落、表格,并确定这些内容块的阅读顺序。这个过程是后续进行语义理解的前提。

(3) 机器语义理解:在文档结构识别的基础上,我们才能进行后续的语义理解任务,包括自然语言的理解、表格的理解等任务。

2.3　文档结构识别

类似于人工挖掘信息的过程,对于某一项具体信息不可能全文去查找,往往是结合一定的知识经验,从某些段落章节中去查找,因为具体的信息通畅受制于固定的上下文描述。这就要求计算机首先能识别文章的段落结构层次（即元素块组成），其次再定位到某一段落（或表格），随后识别具体内容。识别出段落/表格具体内容后，进一步应用到下一步具体的信息提取分析、核查和比对操作。因此，文档结构识别是金融文档分析的最基础工作。

富格式文本是由标题、段落、表格和图像等成分组成的，以方便人们阅读为目的的排版格式。文档中的图表、表格、段落、标题等从版面上都占据着一块区域，我们统称其为"内容元素块"。这些文档是以人类阅读为目的的，从最终展现的视觉效果和排版布局上看，它清晰完整；然而，从计算机角度看，其内部数据没有提供任何与元素块相关的格式信息。因此，计算机不便于甚至无法直接使用文档内部数据结构来实现良好的元素块识别效果，这就要求我们利用文档的视觉和语义信息，识别文档内部的元素块，并复原其篇章结构和阅读顺序。文档结构（内容元素块）识别，又称页面语义分割，指的是识别给定页面的每个元素块（图表、表格、段落等）的精确位置。一般认为，一个元素区域是文档中的一个矩形区域，内容元素块识别问题可形式化定义为物体目标检测问题，以预测页面中的所有元素块的边框。以页面张量为输入，基于多层的卷积网络，该任务回归出内容元素块的位置信息。

通过对一般金融文档，如上市公司年报、半年报、招股说明书、债券募集说明书等公开公告进行标注，标注公告内的文档结构，形成文档结构智能认知的技术。通过文档元素块识别技术，对全篇文档进行解构，元素块识别模型首先将页面中的每一行进行切分，然后使用 CNN 和 RNN 对每一行预测元素类别，最后通过将相邻且类别的行进行组合，得到每一个元素块。其中所做的优化包括但不限于：word embedding、UNet 网络结构。最终将文档的各个部分识别为页眉、页脚、标题、文字段落、图片、表格等几种类型。

如图 7 所示，pdf 经过文档识别后，页面检测出不同元素块的外框，以及最终转换后的文档结构化信息存储。

综上，文档结构识别整个过程：输入为原始富格式文档；输出为元素块列表及文本内容。

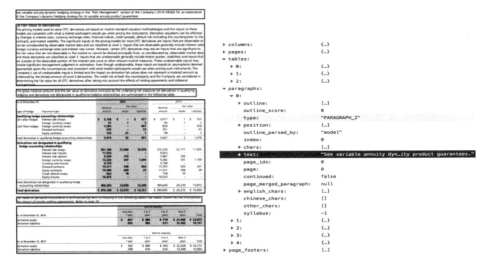

图 7   文档元素块识别

```
"syllabuses": [                         // 文档的目录结构
    {
        "level": 1,                     // 目录级别
        "children": [                   // 下级节点 (对应 index)
            1,
            8
        ],
        "range": [                      // 此目录下的内容范围 (对应 element_index, 见下面 elements)
            323,
            390
        ],
        "index": 0,
        "title": "第一节 本次重组概述",     // 目录标题
        "dest": {
            "page_index": 28,
            "page_id": null
        },
        "parent": -1                    // 父目录
    },
    {
        "level": 2,
        "children": [
            2,
            5
        ],
        "range": [
            324,
            340
        ],
        "index": 1,
        "title": "一、本次重组的背景与目的",
        "dest": {
            "page_index": 28,
            "page_id": null
        },
        "parent": 0
    }
],
```

图 8   目录结构识别

2.4 目录结构识别

元素块识别过程中,同样会读取目录结构信息,对目录结构的层级和具体内容进行定义,目录也可以看成一个由多个单行段落元素块而整体构成的结构,其中每一条目录项都当作一小个元素块信息。元素块识别过程中,同样会识别提取文章中不同级别的标题文本,将生成的一个个元素块内容,进行语义理解,例如,元素块中存在的"第一章",即一级目录,模型会将"第一章"及"第一章"下的元素块作为同一级目录元素块,并打上第一级目录标签。每一个内容元素块(element)的解析结果都会和目录内容(syllabus)进行关联。

输入为原始富格式文档;输出为目录层级结构。

2.5 表格结构识别

表格结构识别模型的主要目的是识别表格中的单元格结构。首先,提取出文档页面中每一个文本框的信息(文本框指的是由文本组成的片段),创建表格张量,该张量组合了表格中所有文本框的视觉信息和语义信息,基于卷积神经网络技术,预测出表格中所有横向和纵向的表格贯穿线。

	本集团		本银行	
	12/31/2016 人民币百万元	12/31/2015 人民币百万元	12/31/2016 人民币百万元	12/31/2015 人民币百万元
库存现金	5,806	5,622	5,806	5,622
可用于随时支付的存放中央银行款项	66,508	57,994	66,497	57,982
原始期限为三个月以内的存放同业款项	43,428	23,431	36,966	21,117
原始期限为三个月以内的拆出资金	5,783	22,874	5,783	22,874
原始期限为三个月以内的买入返售金融资产	15,517	97,402	13,010	97,402
原始期限为三个月以内的投资	296,021	105,029	337,721	105,029
年末现金及现金等价物余额	433,063	312,352	465,783	310,026

图 9 表格贯穿线

根据表格贯穿线,我们获得了最小尺度的单元格结构。然后,遍历每一个单元格,基于卷积神经网络技术,预测该单元格是否与周围的单元格合并。

	本集团		本银行	
	12/31/2016 人民币百万元	12/31/2015 人民币百万元	12/31/2016 人民币百万元	12/31/2015 人民币百万元
库存现金	5,806	5,622	5,806	5,622
可用于随时支付的存放 中央银行款项	66,508	57,994	66,497	57,982
原始期限为三个月以内的 存放同业款项	43,428	23,431	36,966	21,117
原始期限为三个月以内的 拆出资金	5,783	22,874	5,783	22,874
原始期限为三个月以内的 买入返售金融资产	15,517	97,402	13,010	97,402
原始期限为三个月以内的投资	296,021	105,029	337,721	105,029
年末现金及现金等价物余额	433,063	312,352	465,783	310,026

图 10　预测单元格是否合并

金融文档中存在大量隐式结构的表格，即表格没有外框和内线，区别于显式结构的表格。隐式结构表格需要有效地识别表格的单元格结构，转为显示结构表格。

简明综合损益及其他全面收益表

		截至12月31日止年度			
	2014年 千美元	2015年 千美元	2016年 千美元	2017年 千美元	**2018年 千美元**
收益	315,247	319,706	392,099	517,937	712,439
毛利	107,973	100,201	109,451	151,025	170,078
除所得税前利润／(亏损)	21,346	(17,146)	(63,270)	(164,585)	(89,547)
年内利润／(亏损)	20,332	(20,356)	(59,616)	(165,839)	(97,908)
年内全面收益总额	20,326	(20,461)	(59,696)	(164,877)	(103,308)
本公司权益股东应佔利润／(亏损)	20,332	(20,356)	(59,332)	(164,020)	(96,966)
本公司权益股东应佔全面收益总额	20,326	(20,461)	(59,412)	(163,058)	(102,453)

图 11　显式结构表格

输入为有线框/无线框表格;输出为表格详细单元格划分。

2.6　信息提取

2.6.1　文本信息提取

对于最常见的富格式文本数据,大量信息隐含在自然语言的行文之中。因此,我们需要从中提取出实体等关键信息,甚至包含在语言结构中更多的关系信息(如变化关系、构成关系等)。

(1)多元组实体提取。实体提取是指提取出文本中具有特定意义的、客观存在并可相互区别的事物指代,通常是首要提取的信息。在句子"2012年末,A公司流动资产为125.93万元"中,应该提取出年份、公司、财务指标、金额实体(2012年末,A公司,流动资产,125.93万元)之间的关系,它们共同组成了一个对特定时间、特定财务指标的描述。换一种表示方法,将多元组表示为"关系类型":(关系包含的实体序列)。这样,可以把前面的关系统一表示成四元组——"财务指标":(2012年末,A公司,流动资产,125.93万元)。同一个实体会在招股说明书中多次出现。

(2)关系的层次嵌套。关系提取的主要研究是提取两个实体之间的关系,但是在实际问题中,表述有可能会复杂得多,并可能存在关系的嵌套。如句子"2012年末,A公司流动资产为125.93万元,占总资产的81.5%"中,"占总资产的81.5%"表达的是一个复杂的计算关系——"财务指标":(2012年末,A公司,流动资产,125.93万元)/"财务指标":(2012年末,A公司,总资产,未知)= 81.5%,如图12所示。

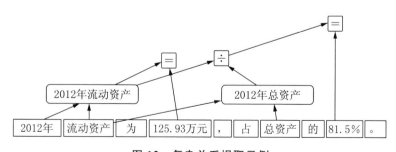

图12　复杂关系提取示例

(3)复杂语言现象。特定领域,特别是专业领域,语法结构复杂。以金融领域为例,典型的复杂语法包括长程修饰、零指代、承前省略等。

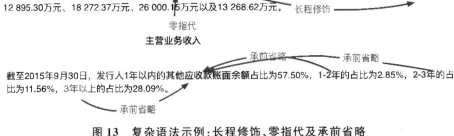

2012年，2013年，2014年以及2015年1—6月，公司贸易业务实现营业收入分别为168 655.47万元、142 010.46万元、180 829.14万元和90 786.71万元，占比分别为23.30%、13.62%、19.36%及26.36%，实现毛利润分别为12 895.30万元、18 272.37万元、26 000.16万元以及13 268.62万元。

截至2015年9月30日，发行人1年以内的其他应收款账面余额占比为57.50%，1-2年的占比为2.85%，2-3年的占比为11.56%，3年以上的占比为28.09%。

图 13   复杂语法示例：长程修饰、零指代及承前省略

图13中给出了一些复杂语法的例子，长程修饰是指定语修饰的主体距离修饰主体很远，这对"定语＋修饰主体"的关系提取提出了挑战。零指代是指某个主体虽然在文本含义中被提到，但是在文本中并没有明确指代词出现，这在通常的关系提取问题中是不存在的，但是在特定领域却可能频繁出现。如何将这种零指代表示在关系中，并推理出指代主体，是技术引擎要解决的关键问题，以提取出更多、更准确的事实信息。

2.6.2   表格信息提取

一个表格由多个格子组合而成，每个格子本身无法反馈自身属性特征。具体对它的属性定义，则需要结合其"行头、列头"进行关联（行头和列头信息共同决定了格子的语义）。

项目	2020 年 1—6 月	2019 年度	2018 年度	2017 年度
可供出售金融资产持有期间取得的投资收益	-	-	265.00	265.00
其他权益工具持有期间取得的分红	36.00	200.00	-	-
非保本理财产品取得的投资收益	364.67	2,718.05	2,864.69	2,740.06
处置以公允价值计量且其变动计入当期损益的金融负债持有期间取得的投资收益		-	-421.75	-1,803.76
处置交易性金融负债取得的投资收益	-11,971.72	-11,971.72	-	-
T+D 业务产生的投资收益	12,645.49	8,720.55	-1,571.02	-71.92
无效套期产生的投资收益	787.48	476.28	-	-
合计	1,861.92	143.16	1,136.92	1,129.37

图 14   表格的行头和列头

同时，我们发现招股说明书中，表格形式并不是固定不变的，会出现表头不规范（贯穿多个单元格、位于表格中间等）的情况。这就需要采用更为强大的模型来认知表格结构，识别其确切的行头、列头。

项目	承诺净利润		
	承诺期第一年	承诺期第二年	承诺期第三年
恒力股份	76,201.96	82,928.08	99,239.19
国望高科	112,061.00	124,412.00	136,699.00
项目	承诺净利润占交易对价的比例		
	承诺期第一年	承诺期第二年	承诺期第三年
恒力股份	7.05%	7.67%	9.18%
国望高科	8.80%	9.77%	10.74%
项目	动态市盈率		
	承诺期第一年	承诺期第二年	承诺期第三年
恒力股份	14.19	13.03	10.89
国望高科	11.36	10.23	9.31

图 15   表头不规范情况

此外，有些表格的行头特征并不是很明显。这时候就需要根据表格的上下文/所处章节信息对相关指标的定语信息进行提取，结合表格内容明确其描述。

报告期内，公司 主营业务收入 按产品及业务类型分类如下：

单位：万元

产品名称	2020 年 1—6 月		2019 年度		2018 年度		2017 年度	
	金额	占比	金额	占比	金额	占比	金额	占比
黄金饰品	123,381.75	39.29%	377,029.23	45.09%	376,832.69	43.88%	371,101.08	46.54%
贵金属投资产品	149,960.72	47.75%	273,632.39	32.72%	275,557.62	32.09%	211,404.94	26.51%
贵金属文化产品	28,542.30	9.09%	89,494.66	10.70%	85,782.29	9.99%	85,072.40	10.67%
钻翠珠宝饰品	5,549.03	1.77%	96,034.40	11.48%	120,565.25	14.04%	129,868.08	16.29%
联营佣金	6,595.67	2.10%	-	-	-	-	-	-
合计	314,029.46	100.00%	836,190.68	100.00%	858,737.85	100.00%	797,446.49	100.00%

图 16   根据相关信息明确表格内容

同时，表格数值的单位也将作为关键信息同步提取。我们通过训练好的自然语言理解四元组提取模型和表格语义理解模型（模型基于数万级别的、不同形式的数据语料进行标注、训练），从招股说明书中提取相应的属性实体及其指标，对提取出的内容进行对齐、归一转化，输出标准的数据结构形式，如 fact(ID,属性 attribute,定语 reattributes,值 value,时间 time)，进而将提取结果构建为一个个实体事实的集合列表。在此基础上可进行下一步的关联校验。

entity(1,长期股权投资,公司,3 898 177 千元,2015 年 3 月 31 日)

entity(2,长期股权投资,公司,3 689 512 千元,2014 年 3 月 31 日)

entity(3 长期股权投资,公司,3 322 283 千元,2013 年 3 月 31 日)

entity(4,长期股权投资,公司,3 735 886 千元,2012 年 3 月 31 日)

entity(5,…)

针对招股说明书，提取引擎即采用通用一致的处理方法将全文覆盖，找出散落在文中各处的四元组实体集合。同时，招股说明书还有一些底稿披露，也将采用同样的方法进行处理，提取其中的有效信息，用于下一步的跨文档审核分析。输入为文本段落/表格元素序列；输出为四元组等有效数据。

2.7　信息分析校验

2.7.1　勾稽关系审核

给定一个个实体的集合后，就需要在其基础上找出所有"冲突"的 fact ID，以形成合规分析结果，输出为结构化知识。勾稽规范要求，披露文档内的 fact 必须满足一致性要求，如上下文出现针对同一个 fact 的描述，其描述是否一致；多项 fact 之间存在加总、比例计算等关系，相应数值计算是否准确一致等。比如，文档中同时描述了营业毛利率、主营业务收入和主营业务成本等多项指标，可根据公式关系判断指标计算结果是否一致等。

如针对句子：

截至 2015 年 3 月 31 日、2014 年 12 月 31 日、2013 年 12 月 31 日和 2012 年 12 月 31 日，公司长期股权投资分别为 3 898 177 千元、3 689 512 千元、3 322 783 千元和 3 735 886 千元，占资产总计的比例分别为 11.63%、11.20%、10.66% 和 12.66%。

系统提取出的财务指标四元组信息（时间、定语、属性、值）如图 17 所示。同时系统还进一步提取出了该句子中间的数值占比关系公式，如图 18 所示。

	时间	定语	属性	值
1	2015年3月31日	[公司]	长期股权投资	3,898,177千元
1	2014年12月31日	[公司]	长期股权投资	3,689,512千元
1	2013年12月31日	[公司]	长期股权投资	3,322,783千元
1	2012年12月31日	[公司]	长期股权投资	3,735,886千元

图 17　系统提取的财务指标四元组信息示例

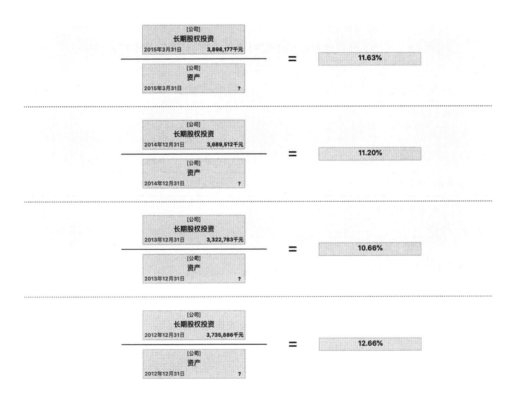

图 18　系统提取的数值占比关系公式示例

对于一个财务指标来说，它会在文中多次出现，既可能在表格中被提取出来，也可能在段落文本中被提取出来，同时还会在不同的关联文档中被提取出来。我们只需要针对同一个 fact 进行相互比较，即可验证其是否一致。

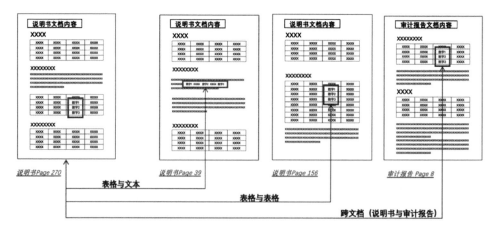

图 19　对于文档中重复出现的相同语义的数值,验证是否存在冲突

同时在信息提取时,我们也会对文档内的公式信息进行提取。图 20 为其中一个示例。

每股经营活动产生的现金流量（元）	0.79	0.03	0.40	1.23
每股净现金流量（元）	-0.03	-0.05	-0.03	0.32

注：上述指标的计算公式如下：

1. 流动比率＝流动资产/流动负债

2. 速动比率＝（流动资产-存货）/流动负债

3. 资产负债率＝负债总额/资产总额

图 20　提取公式信息

最后,利用公式信息（包含提取的财务公式、句子内的关系公式）结合 fact ID,形成财务指标、数值变动等公式的计算结果,分析其是否一致。而由于金融文档财务知识的专业性,我们也可以制定一些固定的经验范式加入审核分析的过程,使得文档分析具备更高的召回率。

同时,我们发现对于前面提取出的事实内容,其表述形式会存在一定差异,比如：

（1）时间形式不一致（"2018年度"和"2018-12-31"等，都表示时间2018年）。

（2）单位不一致（"42万元"与"420 000元"）。

（3）小数形式不一致（"0.38"与"38％"）。

信息校验过程中会对这些信息进行归一化处理，提升分析结果的准确性。并且，有些指标会采取不同的替代名词描述，需要结合一定的金融知识库使得指标对齐。

综上，针对勾稽关系审核整个过程：输入为财务指标四元组数据；输出为冲突列表。

2.7.2　文本差异比对分析

对同一文档不同版本进行差异比对，需要精确地识别出其中可能的变动内容。我们分析后发现，这些差异会表现为新增一段/连续多段、删除一段/多段、段落中间文本调整、新增/删除一个表格、表格插入/删除行列、表格内单元格文字改动、字体变动等。对于文档的差异比较，如果采用通文比对，会带来以下弊端：

（1）通文比对效率低。

（2）文档中间新增部分内容后，后文通篇定位为有差异。

（3）通文比对时，差异位置难以定位，结果难以呈现给使用者阅读。

而前面提到了，我们采用文档结构识别，将文档划分为逐个的元素块，那么将这个比对的粒度放到元素块级别，以元素块形式逐个比对，即可实现：

（1）提高效率。

（2）元素块阈值匹配、逐个分析，精准识别差异。

（3）段落级结果呈现，便于阅读。

对于元素块比较，由于我们已经得到了每个段落的文本内容，以及表格的详细结构（包含每个格子的文本信息），那么通过将两篇文档的元素块逐个匹配，设定一定的差异阈值比例（具体体现为段落的文字差异、表格单元格差异个数），即可定性为新增/删除，或内容变动，同时将差异结果体现出来，高亮差异的具体内容，反馈到界面。

此外,对于版本变动还会存在如下情况:

(1) 位置移动:一个段落/表格可能会移动到另一个位置中去,而按照两篇文档逐个匹配元素块的方式,那么会出现误判的情况。这可通过将具体某一个元素块与另一篇文档元素块遍历匹配的方式来解决。当然,由于文档中同一个段落也有可能会再次出现,考虑到实际的客观业务,移动只需要缩小遍历的范围(同一章节内)即可。

(2) 多段拆分:在实际的业务过程中,常会出现 A 文档的一个段落被拆分成 B 文档中两个段落的情况。这需要在段落被识别出差异时,将相邻的元素块内容进行合并并再次比较,从而避免识别结果错误。

综上,针对文本差异比对分析:输入为段落/表格元素块、表格结构;输出为元素块差异列表。

3　项目成果展示

3.1　金融文档信息提取应用

金融市场上充斥的材料多为非结构 pdf 文档,很多场景都会存在文档内容(包含表格和文字)提取的需求,面对繁多的信息披露文档,需要:

(1) 快速有效提取出以表格形式居多的有价值的数据。

(2) 准确无误地把表格数据提取出来,且表格格式毫发无损。

本应用充分运用了人工智能及深度学习技术,训练机器达到有效识别文档的结构和内容元素,主要功能包括金融类文档有线框表格、复杂排版表格、文本段落的识别,即从金融类文档中,抽取内含的所有表格及文本段落内容,大幅减少非结构化数据转化中的损耗,颠覆性地提高抽取表格类结构化数据的有效性,并可对结果进行复制与下载。本应用可大大提高金融行业从业人员研究和尽调的效率,支持智能投研、智能监管等细分金融领域场景的业务开展。

　　其主要核心功能在于：支持各类 pdf 金融文档中版式元素（段落、有线框表格、复杂版式的无线框表格）的识别和还原；支持跨页表格识别和合并；支持提取结果并导出。图 21 作了简单展示。

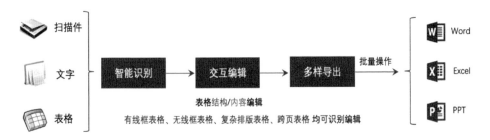

图 21　本应用的核心功能

3.1.1　文档内容识别

　　上传文档后，通过文档结构识别和表格内部结构识别，系统会自动识别本页所有的元素块，并添加外框和内线。不同场景的识别效果展示如图 22—26所示。

3.1.2　交互编辑

　　考虑到文档表格内容的复杂性，我们提供了交互编辑功能，可以针对识别的结果进行手动调整。如对自动识别结果不满意，可以使用工具对系统识别表格的结果进行修改。

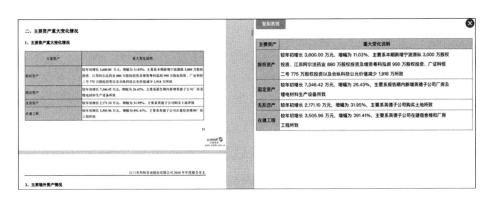

图 22　有线框表格识别

簡明綜合損益及其他全面收益表

	截至12月31日止年度				
	2014年 千美元	2015年 千美元	2016年 千美元	2017年 千美元	**2018年 千美元**
收益	315,247	319,706	392,099	517,937	**712,439**
毛利	107,973	100,201	109,451	151,025	**170,078**
除所得稅前利潤／(虧損)	21,346	(17,146)	(63,270)	(164,585)	**(89,547)**
年內利潤／(虧損)	20,332	(20,356)	(59,616)	(165,839)	**(97,908)**
年內全面收益總額	20,326	(20,461)	(59,696)	(164,877)	**(103,308)**
本公司權益股東應佔利潤／(虧損)	20,332	(20,356)	(59,332)	(164,020)	**(96,966)**
本公司權益股東應佔全面收益總額	20,326	(20,461)	(59,412)	(163,058)	**(102,453)**

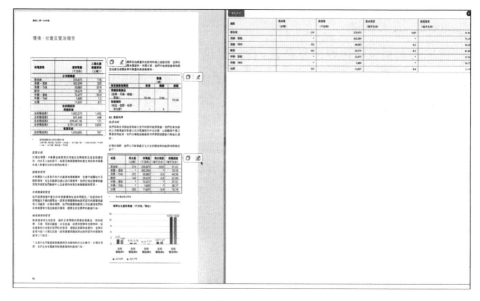

图 23　无线框表格识别

图 24　复杂排版的表格识别

图 25   跨页表格识别

图 26   文本段落识别

图 27   修改自动识别结果

（1）可使用"删除表格"工具进行删除表格，然后通过"绘制表格"工具，重新框选表格，系统会进行再次识别。

（2）如对于重新识别结果不满意，可使用内线绘制工具及拆分/合并单元格工具，进行细致调整。

内线绘制工具包括：添加竖线、添加横线、删除线功能。

单元格处理工具包括：合并单元格、拆分单元格。

3.1.3 信息提取

本应用提供多样的数据利用方式，识别完成后，可点击"复制"按钮，进行提取结果的复制，如图 28 所示。复制的结果可以直接拷贝到 Excel 或 Word 等文档中。

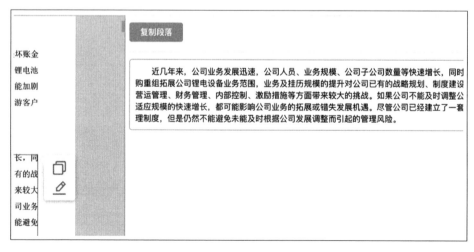

图 28　数据复制操作

同时，本应用还提供多样的数据导出方式，可以直接将表格识别结果导出为 Excel 文件，或将整篇文档转换为可编辑的 Word 文档（图 29）。

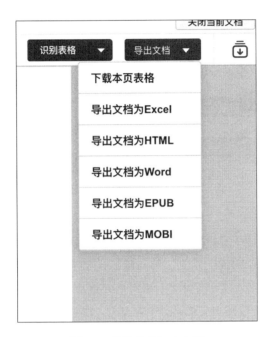

图 29　转换为 Word 文档

3.2　金融文档智能复核应用

大部分金融文档的书写规范仅有一个框架作为参考，多数金融从业者针对其定向描述的机构或业务的特点，会进行详尽且样式丰富的信息披露，这同时也意味着人们日后进行数据结构化转换的难度较大。以招股说明书为例，除了三大财务报表之外，其他位置充斥着大量的财务数据，这些数据散落在不同的段落和表格中，且多次出现，需要能够自动化检测其中的财务数据冲突等信息。同时关联的文档如审计报告等也有大量的财务数据被提及。

金融文档智能复核应用利用深度学习和自然语言处理等人工智能技术，自动提取招股说明书中的财务勾稽关系，如各类财务指标和数值（财务数据与指标、经营数据、常见宏观数据）、数值变动和比例（增速/减速、占比、合计、平均数）、财务指标公式等，反馈各类数据之间的关联关系，以呈现披露内容的财务数据描述准确性、客观性。同时,它支持上下文一致性和错别字审查,并支持生成带批注的文档。

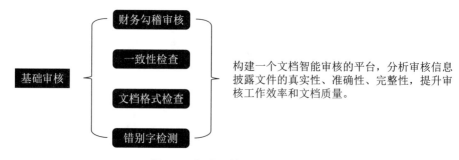

图 30   金融文档智能复核应用

3.2.1   财务勾稽审核

该功能指在文档中,查找校验财务指标和金融财务类数据在同一文档上下文不同位置、不同文档之间的一致性。针对招股说明书中描述的同一个财务指标和其对应数据,以及相关公式,找到文中前后出现多次、但不一致的错误描述。提取审核所覆盖的主要数据如表 3.1 所示。

表 3.1   提取审核所覆盖的主要数据

提取财务指标和数值	财务数据	资产
		负债
		利润
		现金流量
	财务指标	营业毛利率
		营业利润率
		营业收入净利率
		综合毛利率
		期间费用率
		期间费用
		营业周期

提取财务指标 和数值	财务指标	流动比率
		速动比率
		资产负债率
		贷款偿还率
		利息偿付率
		息税前利润（EBIT）
		息税折旧摊销前利润（EBITDA）
		EBIT 利息保障倍数
		EBITDA 利息保障倍数
		总资产收益率
		总资产报酬率
		净资产报酬率
		全部债务
		债务资本比率
		净资产收益率
		扣除非经常性损益的净资产收益率
		EBITDA 全部债务比
		应收账款周转率
		存货周转率
	经营数据	价格、销量、产量、收入成本利润
	常见宏观数据	GDP、人均收入等
提取数值计算比例	增速/减速	
	增幅/减幅	
	占比	
	合计	
	年复合增长率	
	平均数	
	增速差额/减速差额	
	合计占比	

提取并分析之后,应用界面会自动定位原文位置,展示错误内容,将上下文中不一致区域内容中的关键字段进行高亮展示。由于一处数据会在文中不止两次出现,因此会展示多处关联;信息可能在段落或表格中出现,因此会出现"文—文、文—表、表—表"多种情况;关联数据可能出现于说明书本身,也可能出现在关联底稿中。

数据不一致错误分析结果如图31所示。数值占比计算则如图32所示。变动比例情况和财务指标公式分别如图33、图34所示。

图 31　数据不一致错误分析结果

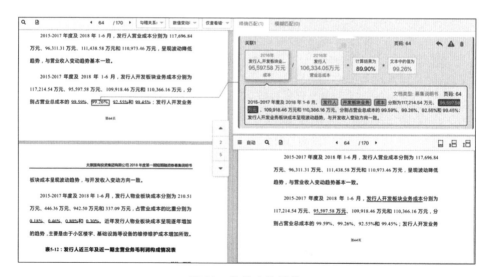

图 32　数值占比计算

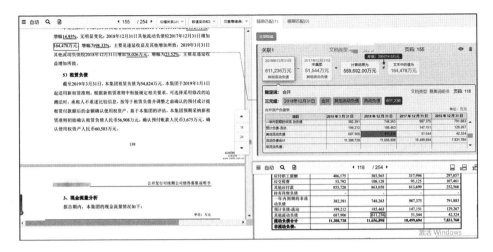

图 33　变动比例情况

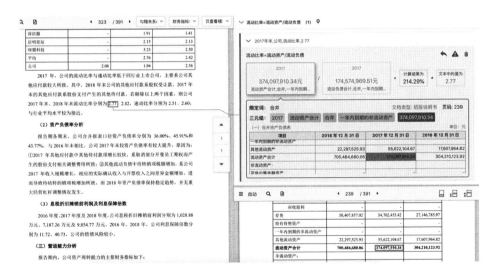

图 34　财务指标公式

3.2.2　一致性检查

该功能利用内置模型,从招股说明书中找到相似的段落或表格,比对出不同之处,并高亮展示(图 35)。它主要用于复核披露文档复制底稿数据或文段,是否存在改变文义或重要数据的修改;同时也方便用户追溯底稿中相关文段或表格的引用。

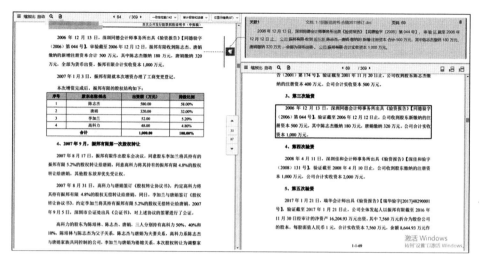

图 35　一致性检查

3.2.3　格式检查

该功能是指针对文档中格式部分进行复核,主要为:招股说明书中常出现类似"具体内容请见第×章×××××部分描述"的表述,本应用能够自动检测引用的章节是否存在、章节标题描述是否一致。同时本应用对表格右上角单位缺失而导致相关数据无法定性的情形,也可以进行检测并提示,如金额无法界定为元或万元。图 36 作简单展示。

（a）

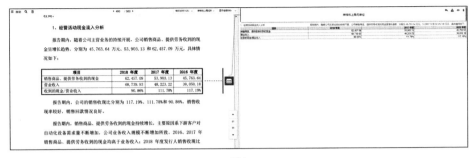

（b）

图 36　格式检查

3.2.4　错别字审核

该功能是通过人工智能模型网络和语言模型，查找出招股说明书中存在的金融类错别字、同音类音字、中英文标点符号混用等错误。识别范围为：数值中含有中文逗号、多个小数点，连续的数值没有分隔；文档中连续的时间没有分隔、多标点或少标点、标点符号全角/半角错误、乱码、空白、不当空格、汉字间空格、漏打千分位符、小数点后保留位数不统一。应用界面可展示错误类型和正确的内容，高亮错误位置，如图 37 所示。

图 37　错别字审核

3.2.5 生成批注

应用提供错误的自动批注和撤销批注功能,复核出的错误和冲突将自动进行原文批注,也可以撤销批注或添加批注。在查看结果并对结果进行复核之后,可以完成批注,即可以生成带批注的文档。

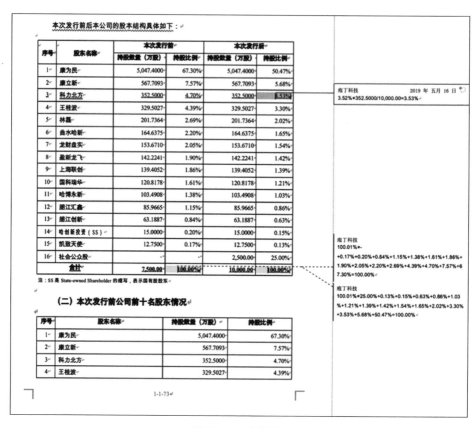

图 38   生成批注

3.3 金融文档版本比对应用

大部分金融文档的定稿需要经过多次修改复核,中间环节的不同版本文档是重要桥梁。相对于原始版本文档,我们更关注于新版文档在哪些地方做了信息改动。面对信息繁杂的文档,快速对比、核实修改内容,在段落文字、表格等繁杂的信息中寻找不同版本文档的差异且毫无遗漏是极具挑战的,对金融从业者的人力具有一定考验。

　　金融文档版本比对应用服务于各种金融机构,目标是智能化复核文档差异,支持对不同版本、不同格式的金融文档进行比对标记,以可视化形式将文档之间的差异反馈给客户,方便查阅。

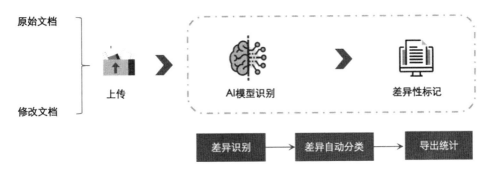

图 39　金融文档版本比对应用

本应用的具体功能设计包括:

- 双栏显示:两个文档可以在一个页面进行双栏展示,同时操作滚动条,两边的文档将同步滚动,方便进行一一对照。
- 高亮差异:主要的差异将会通过颜色高亮显示,点击差异将会高亮差异所在行。
- 交叉比对:pdf 与 doc 之间、pdf 与 pdf 之间、doc 与 doc 之间都可以比较。
- 总结报告:为了方便用户进行日志记录,文档间的差异列表可以被导出为一个 Excel 文件,文件中记录了差异列表。

3.3.1　差异识别

系统可检查出的问题包括:

- 单元格改动:主要为表格各个单元格中数据的比较,系统会检查两篇文档间是否有不同。
- 段落文字改动:主要检查段落中文字是否有改动,包括删除、增加、修改。
- 段落新增/删除:检查文档中是否有整个段落删除或新增的情况。
- 表格新增/删除:检查文档中是否有整个表格删除或新增的情况。

系统可以针对不同类型的差异进行筛选,并通过导航一键定位到差异的具体位置。不同差异情况反馈如图 40 所示。

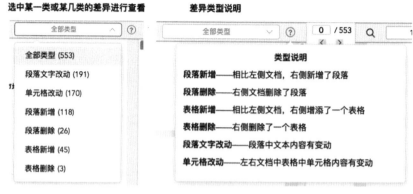

（a）差异类型

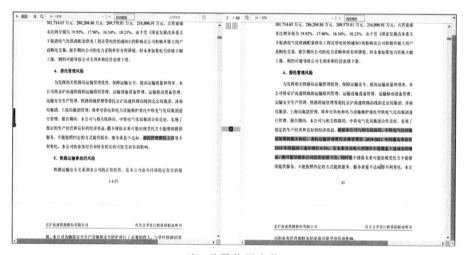

（b）差异位置定位

（c）单元格改动

（d）段落文字改动

（e）段落新增/删除

（f）表格新增/删除

图 40　差异识别

3.3.2 结果汇总

为了方便用户进行日志记录,文档间的差异列表可以被导出为一个 Excel 文件,文件中以表格的形式记录了差异列表(图 41)。

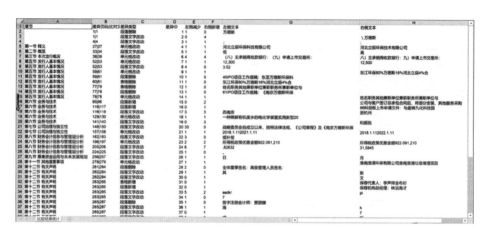

图 41   结果汇总

4   总结

本研究所属领域是金融科技的核心技术——全自动的金融文档分析服务。本研究实现了最复杂文档"招股说明书"的信息自动复核,同时还构建了金融文档信息提取和文档版本比对的通用应用工具。

传统的金融数据只包含了三大财务报表以及主要的附注,但一份正式的披露公告普遍有数百页的篇幅,大量的文字、表格用不同方式反映着客观的财务事实等信息,需要对这些信息进行有效甄别并分析。招股说明书是所有正式披露文档中格式及表达最为复杂的,与年度报告、交易公告等文档相比,招股说明书的非结构化数据更丰富,也更难抽取和审核。如果能够让人工智能技术覆盖到招股说明书的自动分析,那么其他金融文档的后续处理也是可以顺利进行的,相信本研究的成果能够很好地拓展到其他金融文档(如公司年报等)。

考虑到金融文档的复杂性,有效关键信息散落在文字段落和各类数据表格中,并且这类表格通常具备有线框、无线框等多种格式,这就首先要求计算机具备

pdf 解析能力，能够对不同形式的 pdf 进行处理，进行 pdf 结构识别和内容文本还原，然后通过强大的 AI 技术引擎，提取散落在其中的有效信息。另外，企业及数据积累完整而庞大，常常需要比对不同版本、不同格式的文档的差异，譬如招股说明书、债券募集书、合同等。因此，提升效率、解放人力、快速准确地自动分析文本差异显得极为重要。本研究构建的信息提取应用可以完全脱离传统的手工录入数据方式，改变数据获取的渠道，数据比对应用能够优化文档的信息自动化处理能力。

通过金融文档自动化分析服务，能够将金融文档的复杂性、不规范性、主观性、内容不确定性，向可利用性、客观性、充分性、可理解性转化，有效地支持监管分析，为监管决策提供更加有效的信息，协助监管部门提升监管和审核的工作效率和质量，实现监管的数字化创新与转型，同时也能够为行业提供通用便捷的金融文档处理工具。这项研究成果一定能够极大地推进金融科技的发展，全面提升金融效率和能力。

客户异常交易行为建模技术研究[*]

1 研究背景及意义

金融科技的不断发展,在创新金融模式、提高金融效率、降低金融成本的同时,也极大地放大了金融风险的危害性,加快了风险的传递速度,增加了风险的隐蔽性。当今世界正经历百年未有之大变局,中国正处于实现中华民族伟大复兴关键时期,中国共产党十九届四中全会通过的《中共中央关于坚持和完善中国特色社会主义制度推进国家治理体系和治理能力现代化若干重大问题的决定》提出了"加强资本市场基础制度建设,健全具有高度适应性、竞争力、普惠性的现代金融体系,有效防范化解金融风险"的总体要求,证监会作出"牢牢把握稽查执法的政治属性,坚决贯彻落实党中央国务院关于资本市场监管执法的各项决策部署,紧扣打好防范化解金融风险攻坚战的总体要求,密切关注市场动态,密切关注异常交易,密切关注账户联动,进一步加大稽查执法力度,坚决打击任何时期、任何领域、任何形式的操纵市场行为,坚决维护资本市场健康稳定发展"(中国证监会,2018)的具体部署。

近年来,证券市场部分客户通过操纵市场制造虚假供求关系,破坏市场定价功能,误导投资者决策获利,不仅伤害了中小投资者利益,还容易诱发系统性风险。2017 年的"徐翔案",犯罪嫌疑人合谋控制上市公司,通过择机发布"高送转"方案、引入热点题材利好消息等手段,利用信息优势,在二级市场进行涉案公司股票的连续买卖,拉抬股价,接盘涉案公司股东减持的股票,涉案公司股东将减持股

---

* 本章由长江证券股份有限公司潘进、陈传鹏、赵文龙、杨启、董理骅、黄涛、杨涛、杨彬杉、李成、曾龙杰和上交所技术有限责任公司何格、胡旨学共同撰写。

票获利部分与犯罪嫌疑人分成;或者双方在共同认购涉案公司非公开发行的股票后,利用前述方式拉抬股价,从而实现股票增值或抛售股票获利,涉案金额达百亿(《南方都市报》,2017)。2018 年的"北八道操纵市场案",厦门北八道集团涉嫌多账户、运用杠杆资金巨额操纵多只次新股股票,被证监会查处,罚没款总计约 55亿元(马婧妤,2018)。前述案件,不仅造成了证券市场价格的异常波动,损害了证券市场广大投资者的利益,还造成了重大的社会不良影响。

因此,识别客户异常交易行为,辅导客户合规投资、理性投资,履行协同监管责任,协助维护资本市场稳定、防范化解重大风险,既是当前券商的政治任务,也是券商执业的职责要求。

本研究重点关注客户异常交易行为建模,识别客户可疑异常交易行为线索,进行自查、上报、核查、留档,辅导客户合法、合规投资,协助维护市场稳定,降低市场风险。

2　研究目标及路线

2.1　研究目标及内容

为了识别异常交易行为,我们首先需要定义异常交易。我们通过学习和研读证监会、沪深交易所的监管政策,研究分析异常交易监管案例,调研同业异常交易研究进展,理解异常交易概念,总结异常交易行为动机、行为模式和行为特点,进而提出异常交易识别方法论(a method of artificial transaction detection based on account, capital, trading, market, CJACTM),建立异常交易行为特征集和识别模型,以长江证券客户和员工为目标群体,在异常交易监察、客户关联分析、员工执业行为监测等方面应用相关研究成果,发掘异常交易行为线索,进行自查、上报、核查、留档,从而履行协同监管责任。

本研究拟实现以下目标:

(1)学习研究证监会和沪深交易所异常交易监管政策和监管案例,界定异常交易概念范围,总结异常交易行为模式。

（2）提出异常交易识别方法论（CJACTM），构建异常交易行为特征集，建立异常交易识别模型。

（3）应用模型，研究发掘典型可疑异常交易场景和线索。

2.2　监管政策要求

要进行客户异常交易行为识别，首先需要定义异常交易行为。行业监管政策方面，《上海证券交易所交易规则》《上海证券交易所证券异常交易实时监控细则》《上海证券交易所科创板股票异常交易实时监控细则》《深圳证券交易所交易规则》《深圳证券交易所创业板股票异常交易实时监控细则（试行）》《深圳证券交易所新股上市初期异常交易行为监控指引》等监管文件中，监管机构结合交易申报数量和频率、股票交易规模、市场占比、价格波动情况、股票基本面、上市公司重大信息和市场整体走势等因素，对异常交易行为进行认定。

根据交易所相关规定和监管文件，我们将异常交易分为通过内幕交易等手段进行利益输送以及操纵证券市场价格两大类。

《中华人民共和国证券法》（以下简称《证券法》）规定，"证券交易活动中，涉及发行人的经营、财务或者对该发行人证券的市场价格有重大影响的尚未公开的信息，为内幕信息"。沪深交易所密切关注内幕交易，即在内幕信息披露前，大量或持续买入或卖出相关证券的行为。沪深交易所还关注大宗交易价格偏离市场行情，涉嫌利益输送的；以及其他通过证券交易进行利益输送的行为。

沪深交易所密切关注以下操纵市场相关的异常交易情形（图1），包括：

（1）证券申报数量和频率、证券交易价格、证券交易量、市场占比、换手率明显异常的情形，以及证券涨跌幅大幅偏离同期可比指数的情形。

（2）大额交易，如同一证券营业部或同一地区的证券营业部集中买入或卖出同一证券且数量较大，以及单日累计买入单只风险警示板股票超50万股，并引起股票价格异常波动的情形。

（3）通过虚假申报、拉抬打压、维持价格或交易量、自买自卖或互为对手方、严重异常波动股票申报速率异常、高买低卖、回转交易等方式影响证券及其衍生品交易价格或者交易量的异常交易行为。具体来说，包括不以成交为目的，通过大量申报并撤销等行为，操纵五档或十档盘口数据，引诱、误导或者影响其他投资者正常交易决策的虚假申报行为;通过大笔申报、连续申报、密集申报或者以明显偏离股票最新成交价的价格申报和成交,引起股票交易价格明显上涨或下跌的拉抬打压行为;通过前述申报和成交方式,使证券价格或交易量维持在特定限制状态的行为;在自己实际控制的账户之间或者关联账户之间大量进行股票交易,影响股票交易价格或者交易量的交易行为;违背审慎交易原则,在股票交易出现严重异常波动情形后的 10 个交易日内,利用资金优势、持股优势,在短时间内集中申报加剧股价异常波动的行为;通过高买低卖等不符合常规交易逻辑的手法,日内、隔日回转交易等手段,影响证券价格的行为。

（4）进行与自身公开发布的投资分析、预测或建议相背离的证券交易行为,以及编造、传播、散布虚假信息,影响证券交易价格或者误导其他投资者的行为,如近期较为高发的"股市黑嘴""非法荐股""杀猪盘"等。

（5）通过计算机程序自动批量申报下单,影响市场正常交易秩序或者交易系统安全的行为。

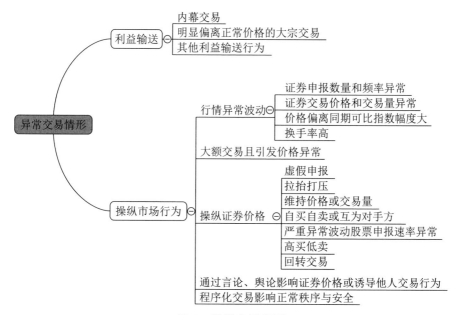

图 1　异常交易类型

2.3　监管案例分析

针对前述异常交易行为,中国证监会及沪深交易所采取了监管及处罚措施。

中国证监会可以采取的措施包括行政处罚决定和市场禁入决定。检索 2018 年 1 月至 2020 年 10 月公开的中国证监会行政处罚决定书,我们一共发现 66 起处罚决定书涉及异常交易,涉案时间分布在 2013—2019 年,如图 2 所示。其中,2015 年、2016 年证券市场行情波动较大,异常案件案发较为频繁,近三年案发减少,可能是随着监管加强,异常交易违法行为有所收敛。异常交易案件类型包括内幕交易(63.6%)、操纵证券市场(33.3%)、编造传播虚假消息(1.5%),也存在同时涉及多种违法违规的情况,如图 3 所示。

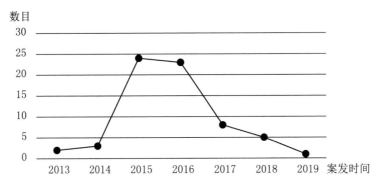

图 2   2018 年 1 月至 2020 年 10 月的中国证监会异常交易行政处罚决定书数目

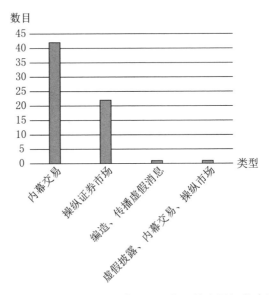

**图 3   2018 年 1 月至 2020 年 10 月公开的中国证监会异常
交易行政处罚决定书涉案类型分布**

沪深交易所针对实施异常交易行为的投资者,可采取的监管措施包括口头警示、书面警示、约见谈话、将其账户列为重点监控账户、要求投资者提交合规交易承诺书、暂停投资者账户交易、限制投资者账户交易、认定为不合格投资者等。针对发生异常交易的证券及上市公司,可采取的监管措施包括发布异常波动公告、发布严重异常波动公告、问询、盘中临时停牌等。沪深交易所持续发布一周监管动态,公布异常交易监管情况。2020年以来,深交所异常交易自律监管案件数是每周20—160起(图4),绝大部分涉及盘中拉抬打压、虚假申报、反向交易等异常交易情形。

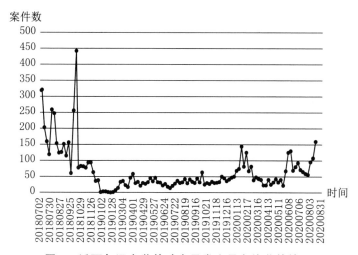

图4　近两年深市监管动态异常交易自律监管情况

上交所也公布了一批典型异常交易案例(上海交易所,2016),包含集合竞价虚假申报、强化尾市涨跌停趋势的虚假申报、盘中虚假申报、盘中拉升打压股票价格、大宗交易异常、债券异常交易、交易型开放式指数基金异常交易等情形。具体来说,典型场景包括:

(1)在集合竞价阶段,通过以明显偏离股票前收盘价的较高/较低价格大额申报,导致该证券虚拟开盘参考价大幅上涨或下跌,误导其他投资者决策,随后撤销申报并反向买入或卖出。

(2)采取市场俗称"封涨停"或"封跌停"的方式,刻意选择接近收盘时仍是涨停或跌停的证券,在明知成交概率很小的情况下,继续以涨幅限制价格大量、大额申报买入,强化涨停/跌停趋势直至收盘,以吸引更多投资者在下一交易日买入,而自己趁机卖出;或者加剧跌停恐慌气氛,诱使其他投资者次日低价卖出,自己趁机买入。

(3)在盘中频繁、大量地申报买入或卖出股票并快速撤销,或在相关股票涨(跌)停时,以涨(跌)幅限制价格大量申报并频繁撤销申报,同时其自身账户并无实际成交或仅少量成交,通过上述方法,营造买入或卖出积压假象,误导他人决策。

(4)在短时间连续多笔申报并成交,导致相关股票在其申报期间发生同向大幅波动,或者在相近价位的对手方申报数量明显不足的情况下,以明显偏离最新成交价的价格单笔申报并成交,导致相关股票价格瞬间发生大幅波动,从而实现拉抬打压股价的目的。

(5)大宗交易中折溢价交易,进行利益输送。

2.4 行业研究概览

近年来,沪深交易所上报的操纵市场、内幕交易等案件线索数量占证监会各类线索总量的近七成,是证监会稽查执法案件的主要来源,在有效打击证券违法交易方面,发挥了重要的基础性作用。监管层有效利用了大数据、人工智能等前沿技术,通过科技赋能交易监管,及时、准确发现异常交易,锁定可疑目标,使监管效率大幅提升,效果十分显著(王一鸣,2020)。

上交所于2019年底上线了新一代市场监察系统。新监察系统基于上交所大数据平台设计,在交易持仓数据、账户开户数据的基础上拓展并集成了交易终端数据、监管历史数据以及网络舆情、公司公告等信息,充分发挥监管大数据的联动分析效能。系统在功能上实现了十大类可灵活配置和自由扩展的监管视图,全面覆盖了主板、科创板的实时监控、自律监管、线索分析、运行监测、数据协查等市场监察业务,在技术上运用了机器学习、知识图谱、文本挖掘等大数据处理和智能分析技术,进一步提升了监察系统的数据可视化、操作自动化、模型智能化水平,将有力提升交易一线监管效能,保障交易公平,助力资本市场稳定健康发展(上海交易所,2019)。

为了配合监管,履行协同监管责任,券商也已普遍开展异常交易监控工作。

东方证券运用张量标签学习方法,将证券市场公开的 tick 数据视为标的,结合自身服务客户的交易行为,研究标的对市场的行为度量,包括发生的时间点、冲击强度、价格偏离度等,建立市场个体交易行为对市场价格的冲击模型,根据对市场冲击情况,判断该交易是否异常(东方证券,2020)。该系统运用张量分解、无监督学习、非线性动力学等技术,覆盖场外配资、关联账户、反洗钱、交易柜台异常监控等方向,洞悉交易行为与市场走势的关系,显著提升了东方证券异常交易监控能力。

国信证券建立了实时智能风控平台,主要开展了以下四个方面的工作:(1)利用证券异动信息、交易终端信息、主体固有关联(亲属等)信息,采用回归和聚类分析等方法,构建关联账户识别模型;(2)通过历史数据和机器学习算法,构建配资等业务监控模型,进行交易监控;(3)以历史案例为基础,提取关键要素,构建异常交易风险指数,对交易行为智能化评分,识别高风险交易行为;(4)以客户画像、交易画像为基础,智能化提取交易关键信息,构建以异常交易为核心的图形化客户行为分析体系(国信证券,2020)。

珠玉在前,亦当自强不息。本研究从"账户、资金、交易、行情"四大维度,研究异常交易特征,运用机器学习、知识图谱与大数据等技术,提出异常交易识别方法论(CJACTM),建立客户异常交易行为识别模型,实现异常交易的事前风险预判、事中实时监控、事后深度挖掘,在提升客户服务水平的同时,增强金融风险防范和应对能力。

3　异常交易识别建模技术方法

3.1　模型介绍

异常交易行为特征是识别异常交易的核心。我们拟提出一种方法,将特征进行分类归纳,尽可能全面覆盖异常交易特征,同时为后续模型迭代优化时的特征完善工作指明方向。我们认为,异常交易的本质和目的还是交易,交易必须通过账户进行,账户信息充分地反映了交易者的背景和习惯,账户上的资金流动是交易行为的始与终,而异常交易行为与行情伴生,异常交易的目的之一是影响行情从而获利,而宏观行情变化是异常交易的基础。因此,CJACTM 从"账户、资金、交易、行情"四大维度构建客户特征,建立异常交易识别模型:

(1) 在账户维度,我们从重点监管名单、账户基础信息、账户关联三个角度研究异常交易特征。我们将是否进入沪深交易所下发的重点监控账户名单、进入名单时间,以及是否进入长江证券重点监控账户名单作为重要特征,将账户的联系方式、IP、MAC、IP 对应地址作为账户基础信息特征。追溯账户历史交易行为,并划分时间区间,根据区间内交易趋同或者互为对手方交易作为账户关联特征。

(2) 在资金维度,对客户资金进行跟踪,重点关注其转入、转出、转托管情况,并结合中国人民银行反洗钱系统,监控可疑资金流动,建立特征。

(3) 在交易维度,重点关注客户画像特征,包括投资总体特征、交易行为特征、投资风格、投资能力、投资策略、当前持仓特征,以及客户限额申报、大额申报、通过申报/交易影响证券市场价格、疑似内幕交易等行为特征。

(4) 在行情维度,关注监管公告,以及重大舆情下的证券市场波动情况。

在建立了四大维度特征后,由于异常交易负面样本有限,我们没有采用模型训练,而是通过业务知识库和经验,对不同的特征赋予不同的权重。当客户具有相关异常交易特征时,将不同特征与权重进行加乘,计算客户异常交易风险程度值,风险程度值大的,以及长期风险程度值偏大的,予以重点关注。具体逻辑架构如图 5 所示。

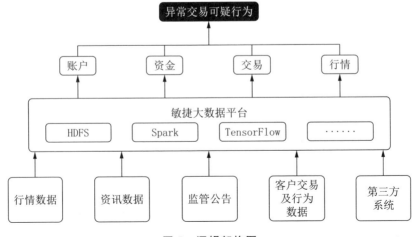

图 5   逻辑架构图

3.1.1　账户特征

客户交易必须通过账户进行。账户信息既包括客户自身属性、操作习惯等，也包括证监会、交易所公布的账户监管信息。对账户维度数据进行建模分析，有助于我们根据交易所要求，寻找账户借用、场外配资、内幕交易等情况的线索。

我们认为，绝大部分账户都是正常的，而其中的离群账户有待研究。通过挖掘离群账户特征，结合业务知识库，可以从以下几个方面研究可疑异常交易账户：

（1）曾被处罚账户。

依据"累犯"原则，我们跟踪证监会、交易所处罚公告，公司收到的协查通告，交易所下发的重点监控名单等，对曾被监管部门处罚的账户，以及列为重点监管对象的账户，进行重点跟踪（包含重点关注这批账户在资金、交易、行情方面的特征），并分析其他账户属性与该账户相同的账户（如手机号、IP），对于可能为同一实控人的，合并进行跟踪。

（2）账户信息可疑。

根据《证券公司客户交易终端信息管理技术规范》要求，客户所有账户登录、交易委托、资金转入转出操作、密码修改等均详细记录了操作站点、IP、硬件设备等信息。通过解析客户历史操作流水中记录的相关信息，我们可以统计每个客户历史操作所涉及的 IP 数量、设备数量、密码修改次数及频率等信息；通过转换获取的 IP 信息，我们可以进一步获取客户操作所在地区以及是否通过云主机操作；定位客户委托与交易 IP，观察是否存在普通账户与信用账户使用 IP 长期不一致、交易与申购使用 IP 长期不一致等情况，这些信息都可以作为账户维度的基本信息，继而形成特征。

根据某些特征，我们很容易判定其账户行为是否异常，如操作发生城市之间的距离与两次操作时间间隔明显不合理、同一时刻在多个不同的设备上发出操作指令等行为。对于这些特征，在后文建立异常交易模型时，其权重较高。还有一些信息则需要持续的跟踪分析，比如，对于 IP 地区小范围波动，设备、资金和交易密码频繁变动且变动频率超过一定阈值的客户，我们会分析其账户操作所在地及其他信息是否存在周期性的变动，资金操作设备及与委托操作设备是否存在长期不一致情况等；对于历史操作信息，我们会进一步按照设备号、IP 地址维度进行统计分析,通过分析可以清楚地知道哪些客户操作同一设备,或者不同客户操作IP长期保持一致。针对具备上述特征的客户,我们怀疑可能存在账号出借的情形。

同时,监测账户信息与其他人账户重复(电话、IP、MAC、紧急联系人等)的情况。考虑到设备转让、赠予等小概率事件,我们对于存在明显关联的账户,认为相关账户为关联账户,对同一实控人名下的账户,进行合并分析。

(3) 沉默账户大额交易。

长期沉默账户突然进行大额的、且种类单一的交易,且大额交易后不参与其他交易的情况,可能涉及内幕交易线索。研究证监会发布的内幕交易往年案例(图6)后,我们将大额交易的额度阈值定为 200 万元及以上。

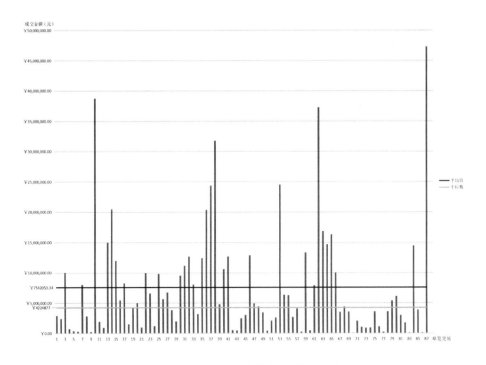

图 6　近年内幕交易案件单笔涉案金额

(4) 交易趋同。

根据客户持仓、历史交易记录和客户交易画像,分析客户交易趋同。通过分析长江证券全量客户持仓情况,我们暂限定交易趋同分析的客户资产大于 50 万元,并且日均持仓证券数量大于等于 5 只且持仓数量小于 150 只,原因主要有以下两点:第一,持仓证券超过 150 只的客户量很少,考虑指数增强交易策略操作的可能性较大,我们暂时不对相关客户做趋同分析;第二,客户资产小于 50 万元的情况下其持仓证券数量多半少于 5 只,在持仓证券数量过少的情况下容易导致分析结果存在很大的偶然性。

我们分析这些客户在某一天的持仓明细,当另一个客户当天持有证券数量小于该客户持仓证券数量的 1.5 倍,且持有相同证券数量占比大于该客户持仓证券数量的 80% 时,我们即可认定这两个账户某一天的持仓疑似趋同。通过持续跟踪分析客户的每日持仓趋同指标,当客户历史持仓疑似趋同指标持续时间越长,其账号持仓趋同的可能性也大。针对这些持仓趋同账户,再结合前面分析的联系方式、IP、MAC 等信息,看是否存在相同的因子。

进一步,我们分析相同观察期内客户交易记录,分析客户在相近的日期内,操作同一只股票、相同交易方向的行为,对于交易行为相同超 80% 的,认为存在交易趋同可能。并结合交易维度的账户画像、投资风格等信息,最终计算账户相似性度量值,从而衡量账户相似性。再进一步,我们通过图划分方法将账户分群,将趋同的账户划分为一组,进而重点研究离群账户组内账户趋同情况。通过研究交易趋同,探索不同账户背后的相关关系,有助于我们定位账户实际控制人,合并分析多个账户交易对行情的影响。

(5)互为对手方交易。

互为对手方具有更高的分析难度,因为交易对手方可能只有部分账户开立在某家券商,部分账户开立在其他券商。对于这类情况,我们重点研究市场上交易量大、价格波动剧烈的账户和个股。我们重点关注龙虎榜交易情况,结合长江证券账户及营业部相关信息,研究交易了当日龙虎榜股票、且日交易额在 100 万元以上的账户,建立概率模型,构建对手方交易账户对。

(6)显著的计算机程序行为特征。

显著的计算机程序行为特征包括:日委托数目大幅超过正常情况,反复高频地进行委托和撤单操作,在一个月不同天里多次精确到同一秒登录账户,高频、大量地获取(本研究选取)长江证券提供的行情、资讯数据等。对这类账户进行研究,有助于发现通过计算机程序自动批量申报下单,影响市场正常交易秩序或者交易系统安全的行为线索。

以客户 IP 的网络行为特征为例,在二维平面上,以 T 日为基准点,将客户 IP 在 T 日之后的每天活跃数据映射至该平面的每个圆环上(小半径单位 1)。其中,T+i 日的活跃度数据分布在距离基准点为 i 的圆环,将一天 24 小时映射为圆环的 360 度。每条活跃记录映射为圆环上的一个扇环,扇环的起点对应该条记录的起始时刻,扇环的跨度对应该条记录的持续时长,扇环的颜色代表会话的频度(重叠部分颜色累积)。结合证券交易时段与客户作息规律,可以观察到客户 IP 在一段时间之内的网络行为特征。对于一般正常客户 IP,交易日与非交易日的数据环会间次出现,并且可以明显区分一周内的交易时段与非交易时段。典型正常客户行为如图 7 所示,周一到周五为交易日,客户行为活跃,工作作息也是朝九晚五,周六、周日客户行为稀疏。

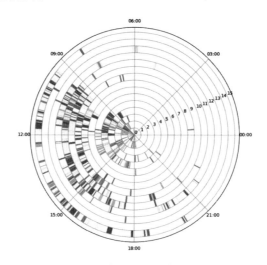

图 7   典型正常客户行为

图 8 为两种具备显著的计算机程序行为特征的客户行为。左图显示某客户不区分交易日与非交易日、存在大量高频的网络行为,活跃度高,活跃时长也长,初步分析判定为网络渗透攻击;右图则显示某客户在交易时段存在超高频的证券交易服务会话,但每次活跃时长都很短,判定为可疑的高频程序化交易测试,也可能是恶意网络攻击。相关工作内容已发表在题为《信息系统智能安全画像与网络

威胁预警模型研究》的课题研究报告中。

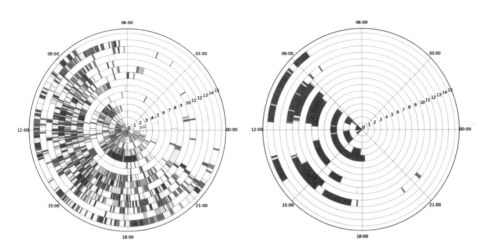

图 8 具备显著的计算机程序行为特征的客户行为

3.1.2 资金特征

资金特征主要关注客户银证转账等资金流动情况：

（1）可疑资金流动，对客户资金进行跟踪，重点关注其转入、转出、转托管。可疑资金流动有以下几种情况：资金频繁转入、转出或转托管；资金快进快出且账户资金不留余额或余额占交易额比例极低的现象；沉默账户突然有大额资金转入；周期性小额资金转出：规律性的持续小额资金转出。

上述情形可能涉及利益输送、内幕交易，或者账户借用并操纵市场的线索。

（2）反洗钱。如果出现涉及中国人民银行反洗钱"大额可疑交易预警"或"可疑交易报告"的资金流动，应予以重点关注。

3.1.3 交易特征

我们主要从以下四个方面，建立客户交易特征：

（1）交易画像。

长江证券的"阿凡达客户画像"系统从投资总体特征、交易行为特征、投资风格、投资能力、投资策略、当前持仓特征六大维度刻画用户画像，生成了 200 多个特征标签。随着客户投资经验逐渐累积，不同的投资历史操作产生不同的投资回报，我们认为，客户调整投资习惯，从而客户特征标签发生适当变化属于正常情况；但是，对于客户特征突变、客户同时具有相矛盾的特征、客户在矛盾特征中反复切换的可疑情况，可以结合其他异常交易知识进行识别与分析。根据我们的研究，下列特征具有参考价值：资产规模、投资品种及各品种资产占比、仓位；日申报次数、撤单次数及比例、交易次数、交易个股数；换股习惯、持股时长、交易时段偏好、拆单习惯、行业偏好与分散度；偏好策略，如动量策略、反转策略、次新股策略、国债逆回购策略、公告事件策略、资金流策略、分析师策略、涨跌停策略；偏好股票类型，如市值、成长性、盈利性、流动性、动量性、敏感性、风险性、波动性；投资能力，如择时能力、择股能力、择行业能力、止盈止损能力、组合风控能力。

由于客户交易经验增长、宏观交易环境变化等原因，客户的投资偏好、投资风格等特征发生变化是客观存在的可能。因此，我们在后续建立模型时，交易画像类特征的权重值较小。交易画像特征，可以在其他异常交易特征出现，引发如账户借用的嫌疑后，在对账号进行反查工作时，作为异常交易特征的佐证。

（2）通过申报/交易影响证券价格。

依据沪深交易所规则，我们特别关注客户申报、撤单、交易情况。对于满足以下条件，及其组合条件的行为，我们予以重点关注：以偏离前收盘价幅度较大的价格进行申报买入或者卖出；累计申报金额较高；累计申报数量占市场同方向申报总量的比例较高；累计撤销申报数量占累计申报数量的比例较高；进行高买低卖及反向申报；买入成交价由低向高波动或卖出成交价由高向低波动；最优五档内申报买入或卖出；每次申报后，在实时最优五档内累计剩余有效申报金额占市场同方向最优五档剩余有效申报数量的比例较高，且持续时间较长；存在多次申报后撤销申报的行为；每笔以涨（跌）幅限制价格的申报后，在该价格累计剩余有效申报金额占市场该价格剩余有效申报数量的比例较高，且持续时间较长；每次撤销以涨（跌）幅限制价格的申报后，在涨（跌）幅限制价格的累计撤销申报数量占以该价格累计申报数量的比例较高，且持续时间较长；累计成交金额较高；成交数量占市场成交总量的比例较高；交易股票处于涨（跌）幅限制状态；收盘集合竞价结束时，收盘集合竞价阶段新增涨（跌）幅限制价格累计剩余有效申报金额较高；收盘集合竞价结束时，涨（跌）幅限制价格剩余有效申报数量占市场涨（跌）幅限制价格剩余有效申报总量的比例较高。

（3）疑似内幕交易。

对于客户的内幕交易，我们主要研究疑似内幕交易客户在大多数散户买入某只股票时卖出该股票的反向操作行为，分析客户的此类交易行为，将客户行为和收益结果作为依据，有助于协同分析客户是否与参与内幕交易。

对于长江证券的客户，以 A 股交易客户作为分析对象，对每日所有 A 股交易买入和卖出人数进行统计，计算出（买入/卖出）比，取当日买入人数大于 1 000 且（买入/卖出）比大于 10 的股票作为标的，对卖出该股票的客户的交易次数、成交金额，按照（交易次数＋成交金额/50 000）规则每日对客户进行打分，根据客户得分的高低，判断客户疑似内幕交易参与度。

整个计算过程中，我们设置了一些权重和阈值，原因如下：第一，买入人数大于 1 000 是为了过滤掉参与人数少的股票。第二，（买入/卖出）比大于 10 是基于对历史数据的测算得出，阈值越高则表明客户参与内幕交易疑似度更大。第三，（成交金额/50 000）中，50 000 元是根据长江证券中高资产客户资产分布，以及内幕交易涉案金额大小综合考量设定的。

（4）交易市占大幅上升。

考虑部分异常交易会对市场交易量产生比较大的影响，我们根据公司所有客户当天单只股票交易量和该只股票近 20 个交易日的交易量贡献值的突变，结合当天交易量和公司总体市占率来寻找客户的疑似异常交易行为。

计算近 20 个交易日每天公司所有客户在单只股票上的买入或卖出交易量之和、买入或卖出占流通股的比例、单只股票买入或卖出的市占比。再结合公司总体股票交易量市占比，如果某日在单只股票上的买入或卖出占流通股的比例大于前 20 个交易日任意一天的比例，且当日该只股票买入或卖出的市占比大于前 20 个交易日任意一天的市占比，同时当日该只股票买入或卖出的市占比远大于公司整体市占比，那么我们认为当日长江证券的客户在该只股票上的交易量大幅上升，并对当日该股票的市场总体交易产生影响。再根据当日股票涨跌情况，如果股票上涨，找出当天买入该只股票总交易量前三的客户；如果股票下跌，找出当天卖出该只股票总交易量前三的客户，对这些存在异常可能的客户进行跟踪。

这里采用 20 个交易日来统计，主要是考虑：首先，与行业以及监管的常用指标的日期范围保持一致,如增发价格的确定、市值申购额度的计算等指标,均采用近 20 个交易日。其次,根据经验,20 个交易日通常可以代表市场一段周期内的平均表现。

根据经验我们认为,总交易量前三的客户存在异常交易的可能性比较大,这里阈值可以根据模型筛选的严格程度适当放大或缩小。

3.1.4　行情特征

监管机构重点关注操纵市场相关的异常交易行为。在行情维度,我们从以下方面分析异常交易行为:

(1)监管公告影响。

上交所、深交所在各自的官方网站公开的监管信息和交易异常波动公告,对于行情的异常监控具有一定的参考价值。CJACTM 对公告信息内容和所涉及的标的进行整理和信息挖掘,探究经过信息披露后标的的股价波动情况,通过机器学习来进行异常检测,从而判定异常标的并找出在对应时间内的相关账户,对其交易行为进行进一步的分析判断。

通过上交所、深交所股票交易异常波动公告确定股价浮动异常的标的与其异常波动的时段,查找在股票交易异常波动期间交易过该异常标的的股票的账户,整理上交所、深交所发出的所有问询函和监管函,统计标的证券发函后 5 日、10 日、20 日的累计涨跌幅和累计振幅,通过孤立森林算法查找离群值,将离群值数据所对应的标的作为异常标的,查找在发函日前后 20 个交易日内交易过该异常标的的账户,配合"账户"维度的可疑账户特点,进一步确定可疑账户。同时基于统计数据对新发出的问询函、监管函相关证券进行监控,根据其累计涨跌幅、累计振幅判断是否异常,进而确定可疑用户。

我们研究近三年监管问询函、监管工作函、行政处罚决定等函件中案例或发函日期前后相应标的证券的价格波动情况,去除发函日后停牌证券,统计标的证券发函后的 5 日、10 日累计涨跌幅和累计振幅,观察其数据分布,如图 9 所示。

数据显示,标的证券的累计涨跌幅和累计振幅分布近似于正态分布,故发函后大部分标的股票股价变化无明显规律。对于其中股价变化异常的股票,采用孤立森林算法检测异常点,对异常点重点关注,如图 10 所示。

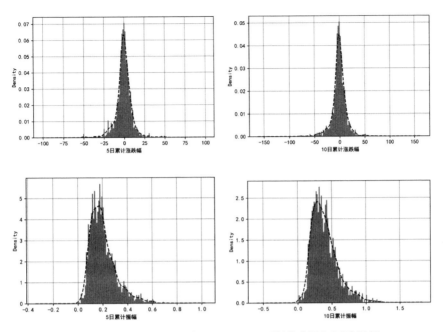

图 9　标的证券发函后的 5 日、10 日累计涨跌幅和累计振幅

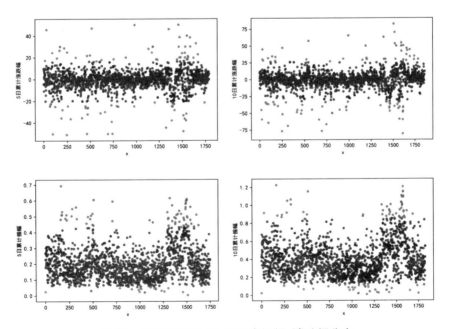

图 10　发函后 5 日、10 日证券振幅、涨跌幅分布

同时,持续观察发函日后 5 日、10 日累计涨跌幅和振幅,进行异常点检测,筛选出异常程度较高的股票及相关用户进行监控,如图 11 所示。

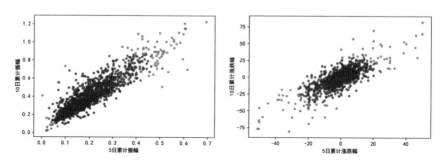

图 11 发函后 5 日、10 日证券振幅、涨跌幅变化关系

数据显示,少部分标的证券在发函后的 5 日、10 日出现了连续的股价异常波动情况。通过对此类股票相关公告及对应函件的分析,并筛选出异常期间此类股票相关用户,实现对可疑用户的判断和监控。

(2)舆情监控。

股票市场易受外界各种不可控因素的影响,而当下正处于信息爆炸的大数据时代,网络上的股市舆情数量大、形式多,不仅包括财经媒体的板块分析、信息披露,也有大量的自媒体在微博、论坛等公众平台发布股市相关信息。以上都对股市有着一定的影响,但也为识别客户异常交易提供了可供分析的原材料。

长江证券舆情监控平台关注传统渠道、互联网渠道、新媒体渠道等数千个媒体源的舆情信息。我们关注其中的重大突发事件,通过 NLP 技术监控重点舆情,并结合股价异常波动、自有客户股票交易行为,研究重大舆情背景下交易对股票价格异常波动造成的影响。

在建立好相关特征及模型后,一些典型异常交易行为往往同时具有账户、资金、交易、行情四个维度中多个维度的多个特征。比如,我们通过交易维度中影响证券市场的价格特征发掘一批账户时,拓展这些账户的特征,还会发现这些账户可能具有账户属性重复与关联、资金短期快进快出等特征。因此,我们不应孤立地看待异常交易行为,而是应该综合分析,并对一些案例进行反查,调整特征内容和特征权重,最终使 CJACTM 方法及模型在账户监管、账户反查、内部自查等多个应用场景发挥作用。

3.2　技术框架

本研究为长江证券敏捷大数据平台的应用实践,在该平台上采集所需数据,研发异常交易识别模型。敏捷大数据平台为前期课题《敏捷大数据平台行业研究及应用》成果,在敏捷大数据平台上,基于敏捷服务的基本方法和模型,通过能力栈与技术栈相结合,构建安全稳定、灵活拆分、自由组合的数据服务乐高桥,同时平台架构可集成、可配置和可管控,保障敏捷大数据服务的安全稳定,形成模块化、模式化、模板化的数据敏捷服务。敏捷的服务目标,首先是技术栈要实现数据智能,其次是能力栈提供敏捷服务。

在技术栈方面,通过对采集、存储、计算、服务四个方面架构解耦,形成 4 个核心技术栈、近 30 个技术平台和模块,同时满足接口开放,支持模块化灵活组合要求,支持统一管控,保证场景模板的状态要可持续监控、管理、控制。技术栈数据智能的技术框架如图 12 所示。

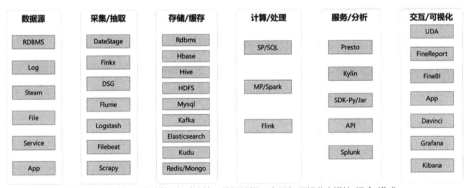

图 12　敏捷大数据技术栈

基于解耦的采集、存储、计算、服务 4 个技术栈,对应划分相应的采集、计算与服务数据小组。一方面,各个小组深入研究各技术栈细节并提供敏捷的技术服务能力;另一方面,各个小组间形成高效的数据交换规范,针对不同的数据需求,各自选择采集、存储、计算、服务技术栈里最优的模块,通过协同作战模式快速响应需求。敏捷数据服务平台要支持多种应用场景,如营销活动的突发事件需求,适配 DEVOPS 敏捷开发的持续迭代型,以及技术驱动的特征工程。

　　敏捷大数据平台是基于技术栈、能力栈、团队能力实现模块化、模式化和模板化的灵活组合,形成可集成、可配置和可管控的大数据平台。该平台通过自由拆分与灵活组合,再融入灵活机动、专业化分工的采集、计算、服务,实现数据智能和敏捷服务。

4　模型成果应用

　　我们建立了"长江证券股份有限公司异常交易监控系统",接入生产数据,开展异常交易识别与监控工作。目前,该系统已在账户借用、场外配资、计算机程序交易、多账户集中操控、员工违规炒股等场景应用。异常交易识别数据工作流程如图 13 所示。

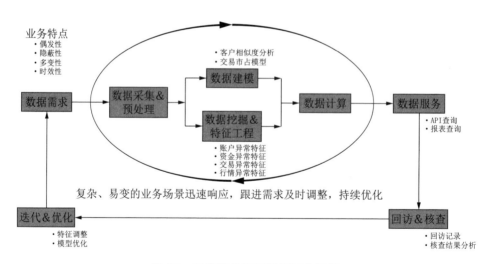

图 13　异常交易识别数据工作流程

　　该系统针对需求,采集客户交易数据、行情数据、资讯数据、监管公告数据等,进行数据预处理,挖掘异常交易特征,进行识别模型的离线建立和在线调整,并对异常交易可疑行为实时判断,提供核查名单,用于上报、回访、核查、留档。

4.1　异常交易监察

长江证券股份有限公司异常交易监控系统根据客户特征,及沪深交易所异常交易申报、成交限制业务规则,实时监控长江证券客户在主板、中小板、创业板、风险警示板的交易行为,关注客户申报笔数与金额,撤单笔数与金额,交易笔数与金额,对涉及拉抬打压、虚假申报、涨跌价格申报、自买自卖、反向交易、高买低卖、超限买入风险警示股等行为的线索,建立业务规则模型,进行风险预警和上报。同时,该系统重点监控沪深交易所下发的重点监控名单中的客户行为,核查客户资产和持仓,甄别账户控制人,合并实控人账户,向沪深交易所提交重点账户监控报告,覆盖客户资产信息、客户管理留痕、信息核查记录、系统预警流水、警示函管理情况及客户触犯法律法规条款等信息。目前该系统已在生产环境运行,定期向监管报送相关信息。

为了进一步拓展和深入异常交易监控工作,我们进一步丰富模型,建立内部异常交易知识库和可疑名单,补充完善异常交易监控手段。异常交易识别告警技术流程如图 14 所示。

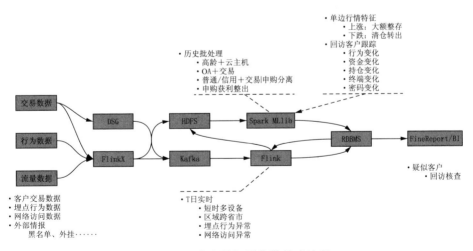

图 14　异常交易识别告警技术流程

我们利用前述 CJACTM 建模技术方法,针对账户、资金、交易、行情四大维度的多个特征,实时或离线计算特征指标。我们开发计算程序,分别计算离线特征和实时特征。离线特征包括客户交易画像特征、账户关联特征、监管公告观察对象等;实时特征包括资金流动特征、客户实时委托/交易特征(如 IP、委托笔数、金额及其衍生特征)等,将特征与权重进行加乘,计算客户异常交易风险程度值,筛选出少数高风险疑似客户,实时生成高风险客户名单,通过报表平台供业务部门核查。

我们发掘了以下典型可疑异常交易场景:

(1) 客户 A1 属于积极型,自述投资经验丰富,观察期内,累计转入转出金额超 1 000 万,改密超 40 次,日均交易约 30 次,交易品种为股票,委托涉及多个 IP 和地址。经研究分析,该客户可能涉及账户借用及场外配资。

(2) 账户 A2,客户年龄在 70 岁以上,交易活跃,且其委托 IP 长期为阿里云主机地址,怀疑存在账户借用可能。

(3) 账户 A3 及一批账户每日小额转出资金,转账金额正好约等于其资产乘以月息 1.8% 的数值,怀疑可能是配资按日结息。

(4) 账户 A4 在 2019 年日委托数百笔,其中大部分撤单,该账户委托笔数、撤单笔数大幅超过平均水平,且存在同秒多笔委托的情况。我们认为该账户高度可能利用交易接口通过程序下单。

(5) 核查客户登录日志发现,账户 A5 在 2020 年上半年几乎每个交易日的同一秒登录,还存在同一秒在多个设备同时登录的情形,该账户善于超高频交易,其行为可能由程序触发。

对于前述发现的可疑账户,我们建立内部观察名单,以备核查,并持续监测。

4.2 客户关联分析

对于客户关联,我们主要研究资金量大、交易量大的客户间的关联关系。分析客户关联,有助于协同分析客户交易对行情的影响。

对于长江证券客户,我们关注交易日期、交易方向、交易营业部、交易股票均与龙虎榜一致的客户,重点关注交易额在 100 万元以上的客户,建立评分模型,根据客户协同交易龙虎榜股票次数,以及客户账户特征(如客户属性、IP、MAC、手机号码)、客户交易画像,计算客户相似度。相似度大的客户,他们协同交易,对股票行情产生影响的可能性更大。关联分析工作流程如图 15 所示。

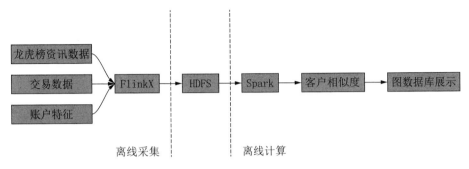

图 15　关联分析工作流程

　　我们开发计算程序,离线计算客户相似度,并通过图划分方法分群研究(图 16)。我们发现了一批高度相似的账户。例如,账户 B1 和 B2,虽然开户姓名和手机号不同,但是客户属性高度相似,都在同一营业部开户,虽然委托 IP 不同,但都属于同一地区,开户时间均在 6 年以上,之前属于沉默账户,交易画像高度相似,追踪其协同交易历史,在 2019 年 3—5 月,两个账户交易量大且操作行为高度相似,如表 1 所示。

图 16　客户相似度

表 1   典型关联账户对操作行为

账户	账户	行为操作
账户 B1	账户 B2	20190319,002883,中设股份,卖出
账户 B1	账户 B2	20190321,002883,中设股份,买入
账户 B1	账户 B2	20190327,002888,惠威科技,买入
账户 B1	账户 B2	20190401,002888,惠威科技,买入
账户 B1	账户 B2	20190402,002888,惠威科技,卖出
账户 B1	账户 B2	20190410,002888,惠威科技,买入
账户 B1	账户 B2	20190411,002888,惠威科技,卖出
账户 B1	账户 B2	20190412,002846,英联股份,买入
账户 B1	账户 B2	20190415,002846,英联股份,买入
账户 B1	账户 B2	20190415,002846,英联股份,卖出
账户 B1	账户 B2	20190416,002846,英联股份,卖出
账户 B1	账户 B2	20190417,002888,惠威科技,买入
账户 B1	账户 B2	20190422,002846,英联股份,买入
账户 B1	账户 B2	20190423,002846,英联股份,卖出
账户 B1	账户 B2	20190429,002846,英联股份,买入
账户 B1	账户 B2	20190430,002846,英联股份,卖出
账户 B1	账户 B2	20190509,002865,钧达股份,买入
账户 B1	账户 B2	20190515,002865,钧达股份,买入
账户 B1	账户 B2	20190516,002865,钧达股份,卖出
账户 B1	账户 B2	20190517,002919,名臣健康,买入
账户 B1	账户 B2	20190520,002919,名臣健康,卖出

我们还发现账户 B3 和 B4 具有相同的紧急联系人,虽然不涉及明显多账户操控股票的历史交易信息,但可以怀疑账户 B3、B4 属于同一实控人,或者账户持有人具有亲缘关系。

综上所述,通过客户关联分析,我们定位了一批高度关联账号,发掘了一批涉及多账户集中操控股票的线索。

4.3   员工执业行为监测

新《证券法》明确规定,证券交易场所、证券公司和证券登记结算机构的从业人员,证券监督管理机构的工作人员及其法律、行政法规等禁止参与股票交易的其他人员,在任期或法定期限内,不得直接或者以化名、借他人名义持有、买卖股票或者其他具有股权性质的证券,也不得收受他人赠送的股票或者其他具有股权性质的证券。为了对员工违规炒股、代客理财等行为进行监察,长江证券登记收集了员工常用手机信息,利用前期研究成果敏捷大数据平台,开发实时监控模块,如在长江证券客户交易信息中发现员工手机信息,系统实时告警,将相关线索交监察部门核查是否存在员工违规炒股行为,从而做到在第一时间提供员工违规炒股的线索。

我们通过数据同步工具,将客户交易数据、登录改密等信息及员工手机号同步到大数据平台,利用前述 CJACTM 建模技术方法,针对手机号、交易、登录与改密等多个特征,实时计算特征指标如图17、图18所示。其主要监测员工手机信息是否出现在其他客户的交易及改密操作中,同时监测员工自己的基金账户是否存在购买可转债、可交债等违规操作。每天除实时监测外,还对历史近四日的数据进行回溯,每季度再做一次历史回溯。我们实现了如下两大功能目标:

(1)员工执业行为实时全面监测。

法律合规部坚守合规经营的理念,通过全景掌握员工基本信息、员工关联人信息,结合交易等信息,通过监控指标和模型,监测员工执业行为,及时发现问题,促进公司合规经营。

(2)员工违规行为上报处理。

一旦监测到员工违规行为或者可疑行为,则及时将信息按照等级进行分级处理,高级别的信息会被快速地推送至监管岗位,并追踪和记录处理情况。

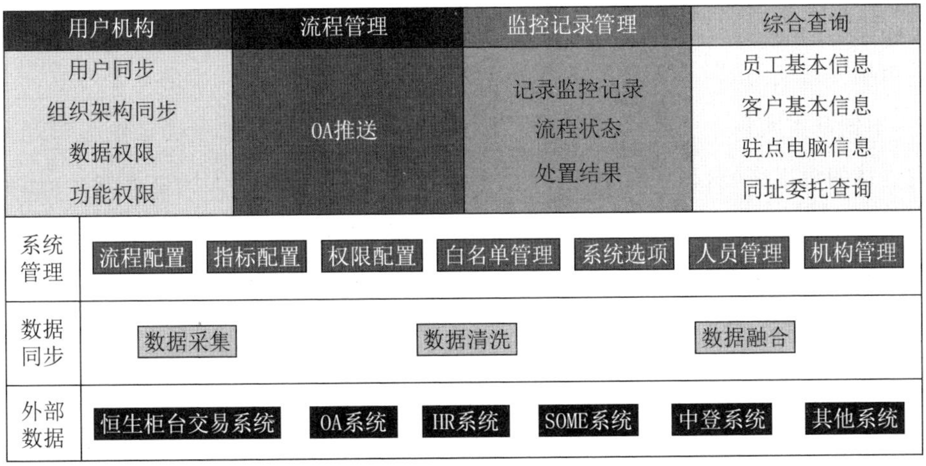

图 17　员工执业行为监测告警总体设计图

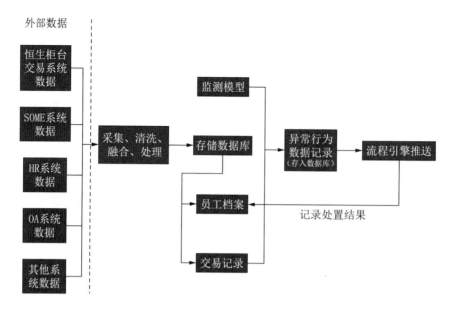

图 18   员工执业行为监测系统核心数据流图

系统上线后,实时监察员工执业行为,并与 OA 流程系统打通,强化执行力度,大幅降低员工执业行为风险。

5   总结

维护资本市场稳定、防范化解重大风险是中国金融行业的重要任务,识别证券市场异常交易,辅导客户合规参与市场活动、理性投资,是其中的重要环节。当前,中国基本实现全面建成小康社会的目标,叠加中美关系的不确定性和新冠肺炎疫情的负面影响,识别异常交易,维护证券市场稳定,保障人民财产安全,让金融支持实体无后顾之忧,正是党和国家交给我们的重要任务。

本研究从账户、资金、交易、行情四大维度构建客户特征,建立异常交易识别模型,发掘和留档异常交易线索,按照要求履行监控和报送职责。

在异常交易识别上,我们也面临着"道高一尺,魔高一丈"的挑战,资本异常交易的手段越来越隐蔽。当前,异常交易具有偶发性、隐蔽性、多变性、时效性的特征。具体来说,证券市场整体活跃,监管趋势趋严,异常交易受监管政策、市场行情、股票特点、参与人员等影响,具有偶发性;异常交易具有隐蔽性,参与人员会主动规避监管,隐藏或销毁作案证据;异常交易具有多变性,2015-HOMS 伞形账户、场外配资、账号出借、代客理财等场景较多,无法一一枚举,震荡市、单边上涨、单边下跌的异常交易行为不尽相同;异常交易具有时效性,其作案手法不断变换以回避原有判定规则,暴露的账户不再使用。因此,定义一个统一、标准和准确的异常交易模型是一个巨大的挑战。

异常交易识别不是一蹴而就、一劳永逸的事情,我们要坚定党的领导,坚守执业要求,广泛团结各方力量,业务和技术协同作战,利用风控、零售、IT 各自专长,协同推进异常交易识别系统建设,持续关注监管动态和新闻热点,对复杂、易变的业务场景迅速响应,跟进需求及时调整,针对回访和核查结果,不断调整模型特征,在实践中持续迭代和优化。

参考文献

中国证监会:《证监会通报上半年查处操纵市场案件情况》,http://www.csrc.gov.cn/pub/newsite/zjhxwfb/xwdd/201807/t20180706_340818.html,2018 年。

南方都市报:《昔日"私募一哥"徐翔被证监会拉黑》,https://www.sohu.com/a/147307862_161795,2017 年。

新华网:《证监会通报北八道操纵市场案　开出 55 亿元史上最大罚单》,http://www.xinhuanet.com/fortune/2018-03/14/c_1122535634.htm,2018 年。

上海证券交易所:《监管案例》,http://www.sse.com.cn/disclosure/credibility/regulatory/case/,2016 年。

新华网:《上交所精准锁定可疑账户　发现获利 4 亿余元操纵市场案线索》,http://www.xinhuanet.com/fortune/2020-01/08/c_1125433617.htm,2020 年。

上海证券交易所:《上交所新一代市场监察系统正式上线运行》,http://www.sse.com.cn/aboutus/mediacenter/hotandd/c/c_20191231_4976893.shtml,2019 年。

东方证券:《证券异常交易监控与定位》,2020 年。

国信证券:《异常交易实时风控技术的研究》,2020 年。

图书在版编目(CIP)数据

证券行业监管科技探索与实践/证券信息技术研究
发展中心(上海)主编.—上海:格致出版社:上海
人民出版社,2022.1
ISBN 978 - 7 - 5432 - 3274 - 7

Ⅰ.①证… Ⅱ.①证… Ⅲ.①证券业-金融监管-研
究-中国 Ⅳ.①F832.51

中国版本图书馆 CIP 数据核字(2021)第 174220 号

责任编辑 代小童 程筠函
封面设计 零创意文化

本书受上海市科学技术委员会"基于大数据技术的证券市场异常交易智能监察
风控平台建设"项目(项目编号:19511101700)资助。

证券行业监管科技探索与实践
证券信息技术研究发展中心(上海) 主编

出　　版　格致出版社
　　　　　上海人氏出版社
　　　　　(201101　上海市闵行区号景路 159 弄 C 座)
发　　行　上海人民出版社发行中心
印　　刷　常熟市新骅印刷有限公司
开　　本　720×1000　1/16
印　　张　10.5
插　　页　2
字　　数　154,000
版　　次　2022 年 1 月第 1 版
印　　次　2022 年 1 月第 1 次印刷
ISBN 978 - 7 - 5432 - 3274 - 7/F·1392
定　　价　59.00 元